だいわ文庫

将来、お金に困らないためにしておきたい17のこと

本田 健

JN267013

大和書房

はじめに
お金にふりまわされない生き方

あなたは、お金と上手につき合えていますか？

その見分け方は簡単です。ふだん、お金のことを意識せずに、自分が心から楽しいと思う毎日を送っているかどうかです。

もし、お金が理由で、好きな活動をやれていなかったとしたら、あなたの人生は、お金によって制限されていると言えます。

お金と上手につき合っている人は、お金を使って、自分のやりたいことをやっています。お金持ちの人でも、お金にふりまわされて、やりたいことができない人もいるので、お金の有無は直接関係がありません。

この本は、お金に邪魔されることなく、自分らしい人生を実現するために必要な知識、メンタリティが体系的に理解できるように書きました。

それは、私の40年に及ぶお金の研究の成果でもあります。私は物心つく前からお金に興味を持ち、たくさん稼ぎ、損もいっぱいしてきました。それでも、20代で十分なお金ができたので、そこから数年、育児セミリタイヤ生活を送りました。その間、仕事をせずにのんびり人生の中休みを楽しみました。

これまで、世界のお金持ちとのつき合いの中で、豊かな人生を生きるのに何が必要なのかを知ることができたのは、たいへんラッキーでした。

私は日本有数の大金持ちではありませんが、私が本の中で提唱している小金持ちの暮らしを楽しんでいます。普通の人は、大金持ちではなく、大好きなことをやりながら豊かに暮らす小金持ちを目指すべきで、それなら工夫次第で誰にでも可能だと思います。

本書には、将来あなたがお金に困らないための知恵をたくさんまとめました。あなたが、お金のストレスを感じずに、本当に楽しいことだけをやって生きられることを願いながら、早速進めていきましょう。

将来、お金に困らないために
しておきたい17のこと

[目 次]

3 楽しくお金とつき合う —— 45

1

お金から
逃げない

みんな、お金から逃げている

私たちは、みんなお金から逃げています。

そう言われて、ドキッとした人も多いのではないでしょうか。

「いや、お金のことはちゃんと向き合わなくちゃいけないと思っているんですけど、時間がなくて……」

あなたは、そんなふうに言い訳したくなったかもしれません。

あなたは、お金をどんなふうに稼いでいますか？

また、稼いだお金をどんなふうに使っていますか？

これまでの自分のお金の稼ぎ方、使い方に満足していますか？

日常的に、お金を稼いで、使っているのに、自分の稼ぎ方、自分の使い方としっかり向き合っている人はあまりいません。

会社員であれば、毎日一生懸命働いて、毎月決まった日に給与が支払われます。たとえその額に不満があっても、疑問に感じる人はほとんどいないでしょう。

何も考えないで、備えもしていないと、将来、病気をしたり仕事を失ったりすると、たちまちお金に困ることになります。

普通の人は、労働することでお金を稼いでいます。そのお給料の中から生活費を出し、残ったら貯金する。欲しいものがあれば、貯金の中から買うという人が大半です。そして、できれば、少し老後のために貯金して取っておきたいと思っているのではないでしょうか。

それは、一つのお金の稼ぎ方であり使い方です。そして、それだと、おそらく江戸時代の頃から変わらないお金とのつき合い方だと言えます。

まだ銀行も株式もなかった頃なら、そうするしかなかったかもしれません。

けれども、いまはそうではありません。

お金は世界を駆けめぐっています。いま持っている日本円をドルに換えるだけで利益を生むことがあるわけです。もちろん逆に損をすることもあります。いずれにしろ、いまはお金を運用できる時代なのです。

「銀行にお金を預けるくらいはしていますよ」という人もいるでしょう。でも、ただ預けるだけでは、江戸時代の人たちがタンスにお金を隠していたのと、本質的には変わっていません。

お金を投資すれば、世界とつながることができます。それによって豊かになることもできます。もちろん、逆にお金を失うこともあります。そのためか、株式投資をする人は日本ではまだ少数派です。

私は株や為替《かわせ》に投資することを勧めているのではありません。

しかし、備えがなければ職を失うとたちまちお金に困るという話をしましたが、生きていくには、労働しなければならないという人がほとんどです。

それは、お金を使いこなせていないからだと私は思っています。

労働しなくても、生活に困らない生き方があるのです。

それを実現するためには、お金から逃げないで、お金のことを学ぶことです。

それができないうちは、人生にいろんな不都合が出てきます。「本当はやりたくない仕事」をやる必要に迫られたり、あんまり住みたくない場所に住まなければなりません。

お金は、あなたに自由をもたらしてくれる、とても便利な道具です。それさえあれば、好きなことを好きなだけやることができます。

だから、みんなお金を欲しがるわけです。でも、欲しかったものを買うといった種類のお金ではなく、「人生を自由に生きるためのお金」という観点から考える人はなかなかいません。

それは、ほとんどの人が、お金によって得られる「自由」を体験したことがないし、自由な人を見たことがないからです。むしろ、お金のために自分を「不自由」の中に置いて、それが問題だとは思ってもみない人が大半です。

「人生には、もっとオプションがある」という事実を見てください。

お金の素晴らしさ、お金がもたらす可能性を見るところからスタートしてみましょう。

お金を楽しんでいる人、お金にふりまわされている人

この世の中には二通りの人がいます。

お金を楽しんで生きている人と、お金にふりまわされて生きている人。そして、この二種類の人たちが、隣り合って生活しています。

たとえば、彼らがたまたま同じマンションに住んでいることもあります。でも、この二家族の日常の過ごし方はまったく違います。

お金を楽しんでいる家族は、毎日を幸せに生きています。子どもたちも大人も、それぞれが好きなことをやって暮らしています。それは彼らに十分な収入があるし、何にお金を使うかでストレスがないからです。

もう一方のお金のストレスを抱えた家族は、いつもお金のことでケンカが絶えません。なぜなら、限られたお金をめぐって、熾烈《しれつ》な戦いがあるからです。

お金とどうつき合うのかというのは、その人はもちろん、その人の家族や友人関係にも大きく影響してきます。

お金を楽しんでいる人は、「お金とは何か」ということをよくわかっているし、感情的にふりまわされることはほとんどありません。

どうやったらお金が入ってくるのか、どう使うべきなのかといった「お金の哲学」がはっきりしているので、お金が入ってくることにもわだかまりがないし、お金を使うときにも、イライラしないですみます。

「お金は人生を楽しむためにある」と考えている人は、お金を稼ぐこと、投資すること、貯めること、使うこと、誰かに寄付することなど、すべてを楽しむ心の余裕があります。その一つひとつのプロセスを、ワクワクしながら、感謝とともにやっているのです。

一方、お金にふりまわされている人は、お金に対して制限的な考えを持っていて、そのことが人生全体に暗い影を落としていることに気づきません。

お金を稼ぐこと、使うこと、投資すること、守ること、誰かにあげることのすべてに痛みやストレスを感じています。だから、いざお金と向き合おうと思っても、面倒くさくなってしまうのです。そして、「もうどうしていいかわからない」という精神状態に陥《おちい》ってしまいます。

お金が入ってきたときには、「なぜもっと入ってこないのか」と悩み、お金を使うときには、「なぜこんなに出費が多いのか」とイライラします。寄付をするときなどは、「なんか、もったいない」と感じてしまいます。

あなただけではありません。世の中の人は、みんなそうやって生きています。そして口癖は、「〇〇円も取られた」「なんでそんなに高いわけ？」「〇〇のほうがお得！」といったものです。

お金のことをポジティブに捉えているのか、ネガティブに捉えているのかで、人生は天国と地獄ぐらい違ってきます。

お金とどうつき合うのかが人生に大きな違いを生むわけですが、この二種類の人たちは、なかなか混じり合って生きることはありません。

お金と人生

私たちのほとんどが、お金によって制限された生活を送っています。

たとえば海外に住みたいと思ったとき、お金が十分あれば、いまの仕事を辞めて違う国で生活することができます。

けれどもお金が十分にないと、いまの仕事を辞められない、とても引っ越しなんか考えられないという制限を受けるわけです。

自分は海外に住みたいとはとくに思わないという人もいるかもしれません。でも、たとえば、いまよりも都心に住みたい、自然の多い場所、広い場所に住みたいという希望はあると思います。実際、通勤に一時間以上かけている人は、東京ではめずらしくありません。お金が十分にあれば、自分の好きな場所に住むという夢はかなえられるわけです。

それどころか、お金が十分にあれば、そもそも仕事なんてしなくていいのです。世界中、好きな場所に行って、好きなように暮らすことができます。

「自分の経済状態が人生を決めている」ことにすら、ほとんどの人が本当の意味では気がついていないのです。

たいていの人は「だいたいこれぐらい収入があるから、家賃やローンは毎月これぐらい」という感じで自分の収入に見合ったお金の使い方をしています。

自分にとってそんなに高くない朝ごはんを食べ、昼ごはんも、夜ごはんも、自分の経済レベルにあったものを食べています。着ている洋服から、身につけるアクセサリーも、「分相応《ぶんそうおう》に生活している」感じではないでしょうか。

たとえば月に数十万円の収入の人が、いきなり1000万円のアクセサリーは買わないと思います。逆に毎月1000万円を使っているような人なら、3000円のお弁当は、自社製品の試食でもないかぎり食べないでしょう。

住む場所や着るもの、食べるもの、行く場所、そしてつき合う人は、その人のお金の状態によって決まっています。

ある意味ではお金の状態がその人の人生を決めてしまうのです。

しかし、すべての人がお金によって制限を受けているかというと、そうでもありません。私の友人で、自然に囲まれて暮らしたいと考えて、田舎で古民家《こみんか》を年間数万円で借りて、自給自足の生活を楽しんでいる人がいます。

彼らは、あまりお金を持っていませんが、それでも幸せに暮らしています。いまの貨幣経済から脱出する気持ちさえあれば、それは十分に可能なのです。

そうやって見ていくと、人生はお金によって決まるのではなく、お金に対する感覚や態度によって決まる、ということがいえます。

あなたも心から望めば、お金に制限されない生き方を選択できます。

それは、なにも億万長者にしかできないことではありません。

しかし、簡単にできるわけではありません。なぜなら、普通でいなさい、常識的に生きなさいというプレッシャーは、ごく日常的にあるからです。そして、いまの生活を変える難しさもあります。それは習慣の問題ですが、いちばんこれがやっかいだったりするのです。

「お金と向き合う」気恥ずかしさ

お金と向き合うのは、久しぶりに体重計に乗るときと同じようなバツの悪さをあなたに感じさせます。

「どうせダメなのはわかっているんだから、見たくない」というのが、その心理でしょう。

「ハイハイ、太ったのは、自分でよく知ってます！」と自暴自棄《じぼうじき》になって、叫びたいような気分になるかもしれません。

お金に関しても、「お金がないのは、いちばん自分がわかってるよ！」と泣きたくなるかもしれません。

お金と向き合おうとすると、ほとんどの人たちが痛みを感じます。

「なぜもっと稼げなかったのか」

「なぜ貯金しておかなかったのか」

「なぜこんなに手元にお金が残らないのか」

お金のことを考えれば考えるほど、自分のいい加減さ、才能のなさを思い知って、情けない気持ちになるのです。

家族がいる場合には、もっと思うようにいきません。

家庭内では「出費をめぐる戦争」がときどき起きます。

「なんでこんなに化粧品が高いんだ」「学費が高い！」「子どもの小遣いが高い！」などとお互いに思い、家族の中で「戦い」が起こるわけです。

お金と向き合うことは、自分の中にあるお金観を整理していくことでもあります。夫婦間でお金の話をすることはもちろんですが、社会とも向き合わなければなりません。

自分の価値観、パートナーの価値観、そして、社会とどう関わっていくのかを考えなければならないということでは、お金と向き合うのは、精神的にけっこう疲れる作業でもあります。

お金は悪魔か、神様か

「お金は悪魔か、神様か」というのは人類の大きなテーマです。これまでにも多くの小説や映画のテーマになってきました。

お金は人によって神様に見えたり悪魔に見えたりする面白いものです。

私の父親は成功した税理士でしたが、酔っ払うと「お金というのは魔物だぞ」と言っていました。「だから、よくつき合い方を考えろ」というのが父の教えだったわけですが、そのことを私はいまでもつねに心がけています。

お金というものは、いいときには、この上なくいいものだと思いますが、悪いときには、これ以上人を苦しめるものはそうありません。

そのことを理解しておかないと、思いがけないところで、とんでもない目にあうことがあります。

実際、お金がないために一家心中のような悲劇も起きます。友人や自分の家族、勤めていた会社を裏切ってしまう人も出てきます。

お金のためにイヤな仕事をしなければならないことを、悪魔に魂を売っているように感じている人もいるでしょう。

一方で、お金は人を幸せにすることもできます。

そうしてみると、悪魔にするのか神様にするのかは、お金そのものではなく、お金とのつき合い方や、その人自身のあり方が決めているといえます。

つまり、自分の中にある悪魔的なもの、神様的なものが、お金をきっかけに出てきているだけで、お金は直接は関係ないということです。

お金はその人の性格の「増幅装置」の役割を果たしていて、素晴らしい人は、お金を持ったらどんどん素晴らしくなるし、ずるい人はどんどんずるくなる、意地悪な人はどんどん意地悪になるということがあると思います。

あなたの場合は、お金によってどういう性格が出てきていますか？

そしてそれは、あなたが望むものでしょうか。

お金との3つのつき合い方

お金とのつき合い方には、次の3つがあります。

①お金の主人になる
②お金の奴隷《どれい》になる
③お金と友達になる

①の「お金の主人になる」というのは、お金さえあればすべてが解決すると思って、お金をとにかく得よう、できるだけ残そう、増やそうとするのが、このあり方です。「お金で買えないものはない」と信じている人はこれです。

②の「お金の奴隷になる」というのは、お金のためにイヤな仕事をしたり、

誰かの言いなりになるということです。お金のために自分を犠牲にするのが、このあり方です。お金の奴隷になると、自分を失いがちになります。お金のために自分のあり方を変えてしまうのが、この生き方です。

お金と上手につき合うためには、③の「お金と友達」にならなければなりません。

「お金」に対して悪いイメージを持っている人が少なくありませんが、お金は、現代の資本主義の世の中においては非常に便利なものです。

自分がやりたいこと、受けたいサービス、欲しいものを得るために助けになってくれる。そういう魔法のサービスを提供してくれるのが、お金です。

それ以上でも以下でもありません。あなたを幸せにしてくれるかというと、そういうものでもありません。なぜなら、幸せはあなたが見いだすもので、ほかの何かがあなたに与えてくれるわけではないからです。

そのことが感情的にもクリアにならないと、お金と上手につき合うことは難しいでしょう。

2

お金の性質を知る

お金の本質は

お金の本質は、「何かと交換できるエネルギー」です。

たとえば、食べ物に換えることもできますし、ガソリンと換えることもできます。部屋や家を一定期間、借りることもできるし、旅行に行くこともできます。服やバッグを買ったり、あるいはマッサージ、カウンセリング、洋服のクリーニングなどのサービスを受けることにも使えます。

海外に行っても、一定のレートで、そうした日常に必要なものと交換できる現地の通貨と交換することができます。

世界中の人がなぜ、こんなにもお金を欲しがるかというと、それが何にでも換えられるエネルギーだからです。

けれどもこのエネルギーは、使い方をあやまると人を不幸にするものでもあります。

ですから、「お金」とはどういうものなのか、どういう作用があるのかということを、ごく小さいときから教えるべきだと私は思いますが、たいていの人が、お金について何も教わらずに社会に放り出されます。

学校でお金について教えないのは、教えられる先生がいないというのが理由だと思います。

先生も、お金のことを学ばずに社会に出ています。英語やダンスと同じで、先生自身ができないのですから、教えようがありません。

学校で教えられないなら、家庭で教えればいいと思いますが、たいていの親も、お金については混乱していて、できるだけ触らないようにしています。

その意味で、お金の本質を知っている人は多くありません。

つまり、ほとんどの人が、その本質を知らずに毎日使っているという不思議なもの。それがお金だというわけです。

お金の種類を知る

お金にはいろんな種類があります。

いちばんオーソドックスなかたちが、「交換手段」のための「物」としてのお金です。自分が稼いで、なにか他のものと交換する。原始時代には石やめずらしい貝がお金として使われていたようです。

そこから時代は進んで、お金は、かたちを変えてデジタルという数字で国境を超えるようになりました。日本円は、ユーロやドルというかたちになります。

そのときにお金は増えたり、減ったりします。「石ころ」と大きく違う点はここです。

その意味では、お金は「エネルギー」で、場所によってエネルギーの大きさが違っています。

お金の動きが速いところに行くと、そのエネルギーは増幅しますし、お金の流れの弱いところに行くと、その価値は減ったりします。

そうして、お金は世界中をまわっているわけですが、そういう「エネルギー」としてのお金と、単なる「交換手段」にしかすぎないお金とでは、お金の質がまったく違うと言ってよいでしょう。

普通預金に預けておくというのは、江戸時代のタンス貯金の感覚と同じだとお話ししましたが、お金を交換手段としてしか使っていないとしたら、もっと前の原始時代に石ころを交換しているのと、あまり変わらないかもしれません。

お金はエネルギーであることを知ることです。

そのエネルギーは、運用次第で、増やすこともできれば、減らすこともできます。

そのエネルギーがどうやって増減するのか、このルールがお金のルールです。

このルールを知らずして、お金に困らない生き方は、実現できません。

お金はどういうふうに流れるのか

お金は、情報や人の行き交うところに流れていきます。

寂しいところよりも、より忙しいところに流れるようになっています。

だから、田舎よりも都市部にお金は集まるのです。

経済成長が終わったところに留まることはなく、これから経済成長するところに行く傾向があります。

多くの人は、先進国にお金が集まると考えがちですが、じつはこれから発展する国により多く流れていきます。

でも、お金は飽きやすい性格を持っているようで、いったんは「この国はいけそうだ」と大量にお金が流れ込んだとしても、「ここはダメだ」となったら、たった一晩で逃げていくこともあります。

アジアや新興国のバブルとその後の通貨危機は、そういうメカニズムで起きます。

お金は、モラルや法律で縛ることはできません。なぜなら、どれだけ規制しようと思っても、誰もお金を一カ所に置いておく強制力を持つことはできないからです。世界有数の国家がコントロールしようと思っても、お金の力のほうが、つねにそれを上回っています。

お金がいま、どこに流れているのか。それを見極められる人は、あっという間にお金持ちになります。それができない人は、エネルギーとしてのお金を増やそうとしても、すぐにお金を失ってしまうでしょう。

また、お金には「長期で流れるもの」と「短期で流れるもの」があります。長期で見なければいけないのに短期で運用したり、逆に短期で勝負しないといけないものを長期で眺めたりしていては損をしてしまいます。

お金には流れがある、ということを覚えておくことは、あなたが将来お金に困らないためにとても大切です。

お金に縁がある人、ない人

「自分はお金に縁がない」と思い込んでいる人は少なくありません。見渡してみると、この世の中にはたしかに「お金に縁がある人」と「ない人」がいるようです。

お金に縁がある人は、ずっと豊かな生活をしています。それこそ、生まれてから死ぬまでずっと豊かな暮らしをする人たちです。お金に縁がない人は、いつもお金に困っています。そして、それが死ぬまで続きます。

どうでしょうか。あなたのまわりにも、それぞれのタイプがいませんか？親戚や友人で、小さい頃からお金持ちで、これからもずっと豊かに暮らすだろうと思う人はいますか？

逆に、生まれたときからお金に縁がなくて、たぶんこれから先もお金で苦労するだろうと思えるような人はいますか？

私のいままでのアンケート結果だと、どんな人にも、どちらも「思い当たる人」というのがいるようです。

一生お金に困らない人、一生お金に縁がない人。

彼らの違いは何でしょうか。

単に運だけの問題なのかというと、そんなことはないと思います。

貧しい家に生まれても、一代で成功して富を築いた人は大勢います。

一度事業に失敗しても、返り咲く人はいくらでもいます。

一方、大学で経済を教えているのに、破産すれすれの先生もいます。

お金に縁があるかないかは、お金のことをどれだけ知っているか、使いこなせるかなのです。

「お金とは何か」を理解することで、自分らしい生き方を選択できます。そのお手伝いが、この本でできればと思っています。

3

楽しくお金とつき合う

「お金の流れ」を意識する

お金があなたのまわりをどう流れていくのかを日常的に意識してください。自分の生活ではどうか、近くの商店街やショッピングセンターではどうか、会社や地域、国全体、世界のスケールでも考えてみるのです。

たとえば、20代の人なら、自分の生活では、友達とのつき合いやファッションにお金が多く流れているという人もいるでしょう。

できるだけ貯金しようと思っている人は、自分のお金の流れは少ないという当たり前の事実に気づくかもしれません。

30代、40代の人は、家族の関係のことに流れているお金の多さに、あらためてびっくりするかもしれません。

病気になった人は、自分のお金のほとんどは治療費と交通費に流れていると感じるかもしれません。

お金の観察はどこでもできます。

たとえば、今度ショッピングセンターに行ったときに、お金の流れを感じてみてはどうでしょうか。

お客さんでいっぱいの店舗もあれば、一日に数えるほどしかお客が入らない店舗もあります。それらの店舗では、お金はどう流れているでしょうか。

お客さんでいっぱいだからお金がよく流れているとは限りません。そうした店でお客さんがいくら使うのかを調べてみると、案外、お客さんが少ない店舗のほうが一人あたりの使う金額が高くて、お金が大きく流れているということもあります。

さらに世界に視野を広げてみましょう。お金はどのエリア、国に集まっているでしょうか。日本には流れているでしょうか。これからも、お金は流れてくるでしょうか。

そうしたダイナミックな流れをつかむ感性がとても大切です。

お金と楽しくつき合う

お金で面白いのは、楽しくつき合っている人は、楽しくつき合っている人の流れに乗っていて、苦しくつき合っている人は、苦しい流れに乗っているということです。

楽しい流れに乗っている人は、お金のことが問題になったり、悩みの種になったりすることはありません。

たとえばいつも行っている美容院が値上げをしたとき、お金と楽しくつき合っている人は、そのことで不満に思ったりはしません。それよりも、「今日も素敵にしてもらった」ということが大切なのです。

ところが、お金と苦しくつき合っている人は、どんなに素敵にしてもらっても、「値上がりしたこと」にイライラを覚えます。

その額の大きい小さいにかかわらず、なんとか値引きしてもらえないかと交渉する人もいるかもしれません。

あるいは、そんな値上げをするようなところには行かないと、へそを曲げて別のところに行くかもしれません。

お金と苦しくつき合っている人は、それだけシビアなお金の世界にいるわけです。そういう人たちは、なぜか、そういう人たちで集まってお金の貸し借りをしたり、トラブルで揉《も》めたりということがあります。

あなたのお客さん、上司、取引先は、どんな人たちでしょうか。

商品やサービスの価格は、それを提供している側が決めます。

物価が上がっても、それまで長いあいだ据え置きにしていた価格を上げるときには、多かれ少なかれ悩みます。価格を上げることによってお客さんが離れることを恐れるからです。

でも、あなたのお客さんが、すべて、お金と楽しくつき合っている人たちだったらどうでしょう。

あなたが価格を値上げしても、逆にいままで据え置きにしていてくれたことに感謝してくれるかもしれません。

では、お金と苦しくつき合っている人がお客さんだった場合には、どうでしょうか。文句を言われたり、怒りをぶつけられるかもしれません。

それはあなたの問題ではなく、その人がお金のストレスを抱えているということです。

あなたは、これからどんな流れに乗りたいですか。

お金と楽しくつき合う人の流れでしょうか。

それともお金と苦しくつき合っている人の流れでしょうか。

では、よい流れに乗っていくにはどうすればいいのかを、もう少し具体的に見ていきましょう。

お金のことを好きになる

私の知り合いには、お金持ちの人もいれば、そうでない人もいます。両方の人たちとおつき合いをしていて感じるのは、お金持ちの人たちは、例外なく、お金が好きだということです。

お金が好きだというと、日本では強欲な守銭奴《しゅせんど》のイメージをもたれることがありますが、そういう意味ではありません。

お金が自分に喜びを与えてくれるものだと知っているので、「お金が好きだ」と思えるわけです。

普通の人は、お金が好きかどうかわからない、という人がほとんどでしょう。お金があれば幸せになれそうということは感じていても、現実には、それがないことで不便や苦しい体験もしているので、どう評価したものかわかりません。だから、「お金のことが好きですか」と言われても、「どうかなぁ。よくわからない」となってしまうのです。

そういう人には、お金が寄ってくることはありません。

自分のことを好きだという人には、人間の心理としてなんとなく好意を持つものです。小学生の頃、誰かがあなたのことを好きらしいという噂を聞いただけで、その子を意識したはずです。

でも、「好きかどうかわからない」と言われたら、たとえ好きな人でも、なんとなく距離を感じてしまうでしょう。

お金も同じです。お金のことが好きかどうかわからない人には、お金のほうでも好きになってくれることはない、ということです。

お金のことを好きになってください。それがお金に恵まれる秘訣です。そして、どう好きなのか、具体的な理由を挙げてみてください。

パートナーがいる人は、これを相手に対してぜひやってみてください。それだけで、二人の関係はぐっと近くなると思います。

お金でいい思いをする

先に、お金が好きだという人は、お金が自分に喜びを与えてくれるものだと知っているということをお話ししました。

私は、人生は楽しむためにあると思っています。

そしてお金は、それを助けてくれる大切な存在です。

この気のいい友人に頼んでおくと、レストランで好きなものが食べられたり、飛行機や電車で快適な席を確保してくれたり、最新式の家電製品を買ったり、ということが簡単にできます。

そういうことをしてくれる人とは、ずっと友達でいたいと思いませんか。

誰だって、お金はないより、あったほうがいいと思っている。それでいてほとんどの人たちは、お金持ちになるモチベーションを持っていません。

それは、お金で「いい思い」ができるということをちゃんと認識していないからです。

以前、邱永漢《きゅうえいかん》さんは飛行機に乗る際子どもたちもファーストクラスに乗せているというのを聞いて、「なんて贅沢《ぜいたく》な」と思いました。でも、それが子どもたちに、「お金があれば、こんないい目にあえるんだよ」ということを教えるためだと知って納得しました。

そうやって、お金を持っていることの便利さ、快適さを子ども時代から体験させておくのもいいんじゃないかと思うようになりました。

いまの若い人は、お金を使わない世代だといわれています。

車や家を持つことにもそれほどの興味がなく、いいレストランに行く必要性も感じない。クリスマスをカップルですごすのも「家飲み」でいいという人が多いそうです。

たしかに、家飲みでも楽しいクリスマスをすごすことはできるでしょう。

けれどもそれとは別に、たまにはふだんはしないような贅沢な気分を味わうことも、人生の彩りです。

エコノミーの椅子よりも、グリーン車やビジネスクラスの席のほうが快適です。そのことを知らずに「エコノミーでいい」というのは、自分の枠を狭めているのと同じではないでしょうか。

どんなものでも、選択の幅が広ければ広いほど、自分が好きなものを選択できます。「エコノミーでいい」ではなく、「エコノミーもいい」と言えるには、ほかの席も知らなければなりません。

自分のお金でいい思いをすることを体験できると、「お金ってこんなにいいものだったんだ」ということに気づけます。

また、お金があれば、いろんな人を助けることができます。経済的なピンチに陥っている友人を助けることもできるし、世界をよくすることに貢献しているNPOや財団に寄付をすることもできます。

それに気づくことで、お金をもっと稼ぎたい、使いたいと思えるのではないでしょうか。

お金と親友になる

お金に恵まれる最終的な目標は、お金と親友になることです。

親友とは、どんな存在でしょうか。

自分のやりたいことができたとき、親友なら、時間を取って相談に乗ってくれます。また、サポートが必要だというときには、喜んで手伝ってくれます。

その役割をお金がしてくれたとき、お金が親友になった状態だといえます。

ときにお金は、あなたの夢を阻《はば》む存在であったかもしれません。

「お金がないから、それができない」ということはよくあります。

お金と親友になるどころか、ずっと恨《うら》みに思っている人もいます。

でも、相手をイヤな存在だと思っているうちは、わかり合うことができません。相手のいいところに気づけないわけです。

仕事関係にしろ、友人関係にしろ、お互いのことを大事に思っているというのが、理想の関係です。

お金を大切にあつかわない人のところには、お金はいてくれません。

一時は立ち寄っても、すぐに逃げ出してしまうでしょう。

お金に居心地よくいてもらうには、お金を大切にすることです。

お金持ちの人ほど、お金を大事にします。たとえば、くしゃくしゃにして投げ出すようなことは、決してしません。

そんなふうに使われたらお金も気持ちがいいだろうな、と思える使い方をするわけです。そうなると、お金のほうでも、その人を大切にしてくれるでしょう。少なくとも、そう思えるようなことが、お金によってできるわけです。

お金を上手に使いこなすことができると、よりよい製品やサービスを手にできます。お金を使って、あなたの愛する人に喜び、楽しさ、友情を伝えることもできるのです。

4

お金に
ふりまわされない

お金にふりまわされるとは?

お金は私たちの生活のほぼすべてについてまわります。

ちょっとしたことをするにも、お金は必要になってきます。

お金にふりまわされたくないと思いながら、お金であれこれ悩むというのが、多くの人の現状でしょう。

私たちはいつもお金のことを考えているといっても過言ではありません。

なにかをするときに、「お金で決める」ということがあります。

たとえばA定食、B定食、C定食、どれにするか。

安いほうに決めるというのは、お金に縛られた選択です。

あるいは、パートナーのプレゼントを選ぶとき、できるだけ安くあげようというのも、同じです。

では、できるだけ高価なものを選べばいいかといえば、値段だけを見てそれに決めるというのは、やはりお金に縛られています。

お金にふりまわされるとは、お金に縛られた結果、自分の本意ではない道を選んでしまうことです。

本当は、緑豊かな郊外の広い土地に暮らしたいのに、お金がないから、小さなアパートで我慢するというのでは、人生を楽しむことができません。

「どうせ自分は、こんな部屋にしか住めない」というコンプレックスを、いつも抱えて生きていくことになります。

お金によって楽しくない思いをするというのも、お金にふりまわされている生き方です。

あなたは、どんなことでお金にふりまわされているでしょうか。

本当は海外に住みたいのに、お金がないから、いまここで暮らしているのかもしれません。本当は一人で暮らしたいのに、お金がないから、独立できないのかもしれません。本当は自分のカフェを持ちたいのに、お金がないから、ファミレスでアルバイトしているのかもしれません。本当は旅行に行きたいのに、お金がないから、行けないのかもしれません。

「お金がないから、このまま」で、本当にいいのでしょうか。

これからも、ずっと我慢する生き方でいいのでしょうか。

人生は自分でオーダーしたかたちで進んでいきます。

本当はハンバーグが食べたいのに、「カレーでいいです」と言ったら、カレーしか出てきません。

そして、カレーの本当のおいしさも楽しめないまま、「本当はハンバーグを食べたかった」という後悔だけが残るのです。

お金の制限がなかったら、いったいあなたは何をやるのか、一度考えてみてください。だいたいのことは、誰かがやっています。

その人にできたのだから、あなたにだってできます。簡単ではありませんが、他の人間にできることは、あなたにもできるのです。

「何でもできる」というところから自分の人生を見てみましょう。

お金で愛は買えるのか？

よく「お金で愛は買えない」と言われますが、それは嘘です。

お金を上手に使うことで、愛情や友情を得ることもできます。

もちろん、お金さえ積めば、なんでもできるということではありません。

けれども、お金がなければ、勝負にも挑めないこともあるのです。

たとえば、好きな女性のために高価なバラをプレゼントしたいと思ったら、それを買うためのお金が必要になります。ディナーやコンサートに誘うにも、お金がかかります。引く手あまたの相手にデートを申し込むにしても、あなたによほどの魅力がないと競争相手に勝てません。

高価なバラをプレゼントしても、彼女は愛情を抱いてくれることはないかもしれませんが、何もないより、好意を持ってくれる可能性は高まります。

また、女性でいうと、ファッションに全然興味を持たず、こぎれいな感じもなければ、相手を引き寄せるのは、一般的には難しいでしょう。もちろん、あなたにすごく魅力があれば別ですが、同じ条件なら、ふだんからオシャレにお金をかけている女性がパートナーを惹きつけやすいのは当然のことです。

パートナーを得るには、ある程度、洗練されたやり方をしなければいけませんが、それもお金で学ぶことができます。そういうことを教えてくれる恋愛セラピストもいるほどです。

恋愛だけでなく、ビジネスでも、お金を上手に使うことで、相手の感情を動かすことができます。

極論に聞こえるかもしれませんが、同じ条件なら「お金があるほうが愛や友情を得るのに有利だ」という事実とも向き合いましょう。

悔しいとか、不公平だと不満に思うこともできます。でも、そのエネルギーをお金について学ぶモチベーションに変えたほうが、よほど健康的ではないでしょうか。

あなたの感情を見る

あなたは日常的に、お金に対してどういう感情を持っていますか。

「お金があることで、うれしい」
「お金があることで、楽しい」
「お金のことで、情けない思いをした」
「お金のことで、悲しくなった」
「お金のことで、腹が立った」
「お金のことで、悔しい思いをした」

お金というのは、これほどまでに人の感情をかき立てます。

幸せな思いをさせてくれるのがお金なら、不幸のどん底に落とされたような気分にさせるのも、やはり、お金です。

その時々で出てくる感情は違いますが、「お金とはこういうものだ」と思っているとしたら、それは、あるときに体験した感情がもとになっていることが多いです。

子どもの頃に、お金がなくて進学できなかったり、みじめな思いを体験したりした人は、お金に恨みの感情を抱いていることがあります。

のちに成功してお金の楽しさを知ったとしても、心の奥底では、いまだに子どもの頃に感じた恨みを消せないでいる人が多いのです。始末の悪いことに、そうした感情を自分自身が抱いていることに気づいている人はごく少数です。

たいていの人は、自分の中に恨みの感情があるなんて、気づきたくありません。そのため、内心は薄々気づいていたとしても、そんなことはないというふうに思いたいのです。

でも、それではいつまでたっても、お金に対する感情は変わっていきません。お金との関係も変わらないままになってしまいます。

お金と平安でいるためには

お金と平安な関係でいるためには、お金から逃げないことが大切です。とことん、お金と向き合うことです。

お金に関しては、イライラさせられたり、落ち込んだり、いろいろなことが起きます。また、恐れや不安を感じることもよくあるのではないでしょうか。お金に対して出てくる感情を無視していると、思わぬところで足をすくわれることがあります。あなたが向き合わなければいけないのは、感情であって、お金とは直接関係がないことを知ってください。私たちは「お金によってあぶりだされる感情」で一喜一憂しています。

お金と平安でいるためには、自分のやりたいことをお金に邪魔されないだけの「資産」が必要です。また、お金の知性と感性、経済力も同時につけることが大事になってきます。

そして、大事なのが、お金によって出てくる感情を受けとめる器です。

お金に関して、あなたはどういうときに感情を揺さぶられるでしょうか。そのシチュエーションを調べていきましょう。多くの場合、それは稼ぐとき、もらうとき、値段の交渉をするときです。また、請求書を見るとき、使うとき、思わぬ出費がわかったときもそうでしょう。

そういうとき、あなたは自分をコントロールできない感じがするかもしれません。自分では何ともできないような無力感も同時に感じるでしょう。

そういう感情は、お金とは関係がなく、あなたの心深くにあったものです。出てきた感情と一つひとつ向き合うことで、自分の中の抑圧されていた感情が静かに癒《い》やされていきます。お金は、恐ろしいものでもなければ、あなたをだましてやろうと思っているものでもありません。あなたがやりたいと思うことを、実現しやすくしてくれるサポーターであり、コンシェルジュです。

安心してつき合えるお金との関係を築いていきましょう。

お金から感情的に自由になる

この本の一つのテーマは、経済的自由です。

経済的自由には、「経済的に、お金から自由になる」ことと、「感情的に、お金から自由になる」――この二つが必要です。

前者の「経済的に、お金から自由になる」というのは、文字通り、経済力をつけるということです。何かするときに、お金で邪魔されることはない、ということです。

では、「感情的に、お金から自由になる」というのは、どういうことか。

先にもお話ししましたが、私たちは誰でも、お金に対して、ある感情を持っています。

人によっては、その感情は楽しいものや喜びです。

その反対に、恐れや怒りであることもあります。むしろ後者の感情を抱いている人のほうが多いでしょう。

お金から自由になれない人は、経済的に自由になれないこともありますが、それ以前に、感情的に自由になれていないのです。

あなたは、どうでしょうか。

お金のことを考えたときに、どんな感情が湧いてきますか。

ただ感謝が湧いてくる状態なのか、それとも恨みつらみが湧いてくる状態なのかで、あなたのお金に対する自由度がわかります。

「お金は、いつも自分を助けてくれるやさしい存在だ」と思える人は、お金から解放された人です。

そう思えるようになれたら、感情的にお金にふりまわされることはありません。お金は、あなたの味方になって、人生をよりよい方向に導いてくれるでしょう。

5

両親のお金とのつき合い方を思い出す

両親はどうつき合ってきたか

私たちのお金観は、両親がお金とどうつき合っていたのかがベースになってできています。

あなたの家では、みんなどんなふうにお金とつき合っていたでしょうか。

誰がお金を稼いでいたでしょうか。

お金はたくさんあったでしょうか。それとも、なかったでしょうか。

「お父さんだけが働いていた」

「お母さんだけが働いていた」

「両親が共働きだった」

「お父さんはすごく稼いでいた」

「お金が全然なかった」

「あまりお金がなかった」

「すごくお金はあったけれど、両親とすごす時間がなかった」

それぞれの家庭で、お金とのつき合い方はさまざまですが、あなたは知らずしらずのうちに「お金とはこういうものだ」ということを、小さい頃から考えるようになっています。

それは、自分の父親、母親が、小さい頃からお金とどうつき合ってきたかということと関係しています。

たとえば、父親がお金持ちの家で育った、母親はお金のない家で育ったとすると、あなたには二つの違うメッセージが入ってきたはずです。

それは、「お金は喜びをもたらすものだ」、いや「お金は不幸をもたらすものだ」というものかもしれません。

または、「お金はどんどん使っていい」、いや「お金は使ってはいけない」というものかもしれません。

あなたの中に、父親からのメッセージと母親からのメッセージが同時に入ってきて、対立するわけです。

興味深いのは、結婚したカップルにも、その対立構造が起きることです。旦那さんが、「うちの実家では、家族で集まったら、パッと外食にお金を使うものだ」と言います。すると奥さんは、「家で食べたらいいでしょ。そんなの無駄遣いよ」となったりします。お金に関する夫婦ゲンカの大半は、両方の実家のお金観の相違によるものです。

困るのは、お互いが「自分が正しい」と思っているところです。ほとんど国を代表して大使同士がケンカするようなものです。ひどいのは、「だから君の実家は貧乏なんだよ」といった反則技が出ることです。そんなことを言われて平気な顔をしていられる人はいません。武士の末裔《まつえい》の家の娘なら、お金はなくともプライドが高く育てられたりしています。

そうなったら、何のケンカかわからないぐらい、変なところで二人とも熱くなってしまうものです。

あなたの両親の両親はどういう人？

あなたのお金観に、父親、母親のお金観が影響するというお話をしましたが、同じように、あなたの両親もまた、その両親からお金観を引き継いだわけです。祖父母とは一緒に暮らしていない、小さい頃に死んでしまったという人もいるかもしれませんが、顔も仏壇の写真でしか見たことのない祖父母のお金観が、あなたの父親、母親を通じて、あなたに引き継がれているのです。

あなたの祖父、祖母は、どんな人だったでしょうか。どんな人生を送ったでしょうか。

祖父母といっても、父方、母方で、全然違うかもしれません。

たとえば、父方の祖父はお金持ちで、ドンと投資したり、人にお金をあげたり、ご馳走《ちそう》したりするタイプだったかもしれません。一方、母方の祖父は公務員で倹約家タイプだったかもしれません。

逆のパターンもあるし、同じタイプだったという人もいるでしょう。

いずれにしても、あなたのお父さん、お母さんは、そんな祖父母に育てられたわけです。

お小遣いを使いきれないほど与えられた人と、欲しいと言ってももらえなかった人とでは、お金観は違ってきます。

たいていの場合、子どもは親に反発して、反対のお金観を持つようになります。祖父が実業家だった場合には、あなたの父親はそれに反発して公務員になったり、反対に、祖父が倹約家だった場合には父親は浪費家タイプになったりするわけです。

私の知り合いの人は、おばあさんが浪費家タイプで、そんな母親を見て育った母親は、若い頃から貯蓄を心がけていたそうです。

そして、そんな母親に育てられた私の知り合いは、「自分はどちらかといえば浪費家タイプになった」と言っています。

自分では意識しないうちに、祖母のお金観を引き継いでいたわけです。

自分の父親、母親は、どんなお金観を持っているのか。

祖父母はどんなお金観を持っていたのか。

それがどういうものか想像することによって、自分に刷り込まれた「お金観」がなぜできたのかの理由が見えてきます。

その意味で、自分の父母、祖父母がどういう人なのかを調べるのは、とても大事です。法事などで親戚が集まったとき、叔父や叔母、年輩の人たちに聞いてみてください。あなたのお父さん、お母さんの子どもの頃の話もいろいろと聞けると思います。

あなたが聞いたことがなかった、両親の子ども時代の挫折《ざせつ》、喜びなども聞けるかもしれません。それによって、自分のお父さん、お母さんが子どもの頃、どういう性格だったのかを想像することができます。

そういったことが、自分を理解することにつながっていきます。

お金に関する「小さい頃の刷り込み」

小さい頃、あなたにとって「お金」とはどんなものだったでしょうか。

「お金は使ってはいけないものだ」と思っていた人もいるでしょう。

「お金は貯めるものだ」と思っていた人もいるでしょう。

「お金は使わなくちゃいけないものだ」と思っていた人もいるかもしれません。

それらの価値観は、あなたの育った環境によって、両親と暮らしているあいだに無意識のうちに刷り込まれたものです。

また、それと同時に、「人にはご馳走するもの」「プレゼントするもの」というような観念も刷り込まれています。あるいは、「ごはんを食べに行ったら、友達とはワリカンにするもの」という観念もあります。

困ってしまうのは、

「お金はパッと使ってはいけない」

「お金はパッと使うものだ」

という二つの観念があったときに、果たしてどちらが正しいのか判断に迷うことです。ですが、そのどちらも正しいのです。

お金とは、パッと使ってはいけないものであり、パッと使うべきものでもあります。

どちらがいいかは、シチュエーションによって変わるはずです。

ずっとお金にしがみついていたら、チャンスはいつまでたってもやってこないでしょう。

でも、何でもかんでも使ってばかりいたら、いざというときにお金がないということにもなりかねません。

小さい頃、自分にどんなお金観が刷り込まれたのかを考えて、あらためて、お金とどういうつき合い方をしたいか、考えてみましょう。

お金と家族

あなたのお金観は、両親、祖父母から大きな影響を受けているという話をしてきましたが、お金というのは、それほど「家族」と大きく関わりがあります。あなたに兄弟姉妹がいる場合には、それによっても、あなたのお金観は変わってきます。

同じ両親、祖父母に育てられれば、子どもたちは同じようなお金観を持つはずですが、兄弟、姉妹は、必ず違ったお金観を持つようになります。

あなたに兄弟や姉妹がいたらわかると思いますが、全員が、同じようなお金観を持つことはほとんどないのです。

姉が浪費家なら、妹は締まり屋になるし、姉が節約家なら、妹が浪費家になります。弟がいたら、その中間になったりします。

家族というのは面白いもので、誰かが締まり屋だと、誰かがお金に対して無関心になり、誰かが浪費家になるということが起きます。

そうして家族はバランスをとっていくわけですが、それぞれが競争をしています。

だから締まり屋の人は、自分の弟が浪費家だったりすると、「うちの弟には困ったものだ」と思ったりします。

もちろん、逆もあります。「お姉ちゃんみたいに貯めているだけじゃ、せっかくのお金が泣いてるよ」と、妹が言ったりします。そして、将来この姉妹は、相続で揉《も》めたりするわけです。

兄は何回も破産しかかってずっと親に尻ぬぐいをしてもらっていた、というようなことがあると、相続で等分に分けられるのは、妹のほうでは不満が残ったりします。そんな家族のドラマが生まれるのも、お金との関わり方のせいなのです。

6

自分のお金観を調べる

小さい頃のドラマ

大人は、子どもにはお金のことなんてわからないと思っています。

とくにまだ小学校にも行っていないような小さな子どもは、お金とは無縁の生活をしているように思っているかもしれません。

けれども、前の章でお話ししたように、その人の「お金観」が家族関係の中で育まれるとしたら、小さい頃の体験がそれに大きく影響することは言うまでもありません。

さて、ここで、小さい頃にタイムスリップして思い出してみてください。

あなたが初めてお金というものを意識したのは、いつだったでしょうか。

そのとき、どんなことが起きたでしょうか。

そしてあなたは、どんなふうに感じたでしょうか。

じつはそのときの記憶があなたのお金観をつくっている可能性があります。

小さい頃というのは、幼児のときとは限りません。

小学校に通っていた頃かもしれません。中学生のときかもしれません。

高校生のときに体験したことかもしれません。

親が破産した、おじいちゃんがお金を残してくれた、相続の問題で両親が親戚と揉めていた、ボーナスが出たから家族みんなで食事に行ったなどなど、お金にまつわるドラマが思い出されるのではないでしょうか。

自分のことでも、たとえばバレエ、ピアノ、サッカー、絵を習いたいと言ったら、親に断られたという経験がある人も多いでしょう。

じつはそうしたドラマが、あなたの中で、お金に対する恨みつらみとなって残っているケースが多いのです。

小さい頃にお金で苦労した人は、必要以上にお金を欲しがる傾向があります。

記憶の奥にしまい込んだドラマを思い出すことで、自分を、お金に対する恨みつらみから解放してあげることが大切です。

お金とは？

あなたにとって、お金とは何でしょうか。楽しいものでしょうか。つらいものでしょうか。人を明るくするものでしょうか。人を苦しめるものでしょうか。

お金について、自分の中にどんな観念があるのかを見ていきましょう。

そのためのワークをしてみましょう。

お金が、あなたに与えてくれるものは何でしょうか。

お金が、あなたから奪っていくものは何でしょうか。

人によっては、お金は「豊かな時間」を与えてくれるものかもしれません。あるいは、お金は「かけがえのない友人」とのあいだの友情にヒビを入れるものかもしれません。お金が「自分らしく生きる可能性」を奪っているという人もいるでしょう。

いいことも悪いことも、自分の中の観念だと気づくことです。気づきさえすれば、それを変えたり、癒やしたりすることができます。

自由に書き出していくと、「え!?　こんなことを感じていたのか」と自分でもびっくりするぐらいのものが出てきます。それを一つひとつ見て、その観念が自分に必要なのか、もういらないものなのかを見ていきましょう。

・お金が与えてくれるもの
・・・
・お金が奪っていくもの
・・・

お金でうれしかったこと

これまでの人生をふり返って、うれしかったことはたくさんあったと思います。なかでも、特別にお金を使うことで体験できた楽しいシーンを思い出してください。

たとえば、学生時代、結婚することになった友人に、仲間たちで結婚式を開いてあげたという人がいました。みんなでお金を集めて開いたささやかなパーティ。でも、新郎新婦は、涙で顔をグシャグシャにしながら喜んでくれたそうです。おそらく、その場にいた仲間たちにとっても、忘れがたい青春の思い出の一ページになっているでしょう。

社会人になって初めて給料をもらったとき、母親にケーキを買って帰ったという人もいました。そのときに買ったケーキを見るたびに、当時の誇らしい気持ちが思い出されるそうです。

あなたにも、そんな思い出があるのではないでしょうか。

お金は、ときには人を苦しめるものかもしれません。

でも、喜びを与えてくれるのも、やはりお金です。

どういうときのお金がうれしかったのか、楽しかったのか、それを思い出してみてください。

思い出すたびにワクワクしたり、楽しい気分になるようなお金の使い方をふだんからしましょう。

また、これからの人生を考えるとき、お金を使うことで、どれだけ楽しい思い出をつくれるでしょうか。

とくに、お子さんがいる場合は、お金を使って、思い出をたくさんつくりましょう。決して贅沢《ぜいたく》をしなくてもいいのです。でも、子どもが将来、お父さんとお母さんはこういう思い出をつくってくれたと感謝してくれるようなことをぜひやってみてください。

お金とのつき合い方は、ずっと同じ

あなたがお金とどうつき合っているのか、また毎月どれだけの金額が出入りしているのかで、あなたの人生の様相はだいぶ変わってきます。

たとえば、月に10万円ずつ入って使う人と、月に１００万円ずつ入って使う人と、月に１０００万円ずつ入って使う人とでは、全然違う人生になります。

それと同じように、自由にお金を使って好きなことがやれる人と、いつもカツカツで月末の支払いにドキドキしながら生活している人、借金の返済に追われて好きなことが何もできない人でも、その人生は違います。

あなたは、お金とどのようにつき合っているでしょうか。

お金を楽しく稼いで、自由に使えていますか？

それとも、苦しく稼いで、イヤイヤ使っているでしょうか。

楽しいときもあれば苦しいときもある、というのが人生ですが、お金とのつき合い方に関しては、どちらか一方に偏《かたよ》る傾向があるようです。

つまり、1月は楽しくつき合っていたのに翌月は苦しいつき合い方になる、ということはないはずです。

楽しいつき合い方をしている人は、一年を通してずっと楽しくつき合えています。急に4月だけピンチということはないのです。

一方、苦しいつき合い方をしている人は、一年中ずっと苦しいままです。この10年いつもギリギリでやってきたという人が、11年目から急によくなるということもあまりないようです。それは、その人の生き方が変わらないからです。

これは、健康と同じです。健康な人は、ずっと健康的な毎日を送っています。でも、不健康な人は、タバコ、お酒をやめられず、脂《あぶら》っこいものを夜中に食べたりしているはずです。ふだんの不摂生《ふせっせい》をやめなければ、10年後あなたが健康でいられる可能性はどんどん減っていきます。

これからのお金

これからあなたは、どういうふうにお金とつき合っていきたいですか。

楽しくつき合っていきたいですか。

それとも、いままでと同じようにつき合っていきますか。

これからの人生でずっと、お金に困ったり、ふりまわされたり、ひどい目にあったりしたいという人はいないでしょう。

でも、このままで何も考えることなく、行動もしていかないと、将来、お金で困ったり、お金にふりまわされたりすることになります。

なぜなら、割合から見れば、お金にふりまわされない人と、そうでない人とでは後者のほうが圧倒的に多いからです。

人口でいうと、日本の中で、1億円以上の金融資産を持っている人は、たった100万人しかいません。ということは、だいたい日本人の1％ということです。昔の学校をイメージするとわかりやすいですが、40人のクラスが3クラスあったとしたら、その中で豊かな生活をしているのは、たった1人しかいない計算になります。

そして、日本のお金持ちのほとんどが60歳以上なので、あなたが30代や40代のうちに経済的に成功しようと思ったら、1000人の全校生徒でたった1人くらいの確率になります。それだけ、若くして経済的に成功するのは難しいということです。

もちろん、不可能ということはありませんが、普通の人と同じように考え、同じように生活していたら、無理だということを知ってください。

では、どうすればお金にふりまわされない人生を選択できるのでしょう。

それは、あなたの生活習慣や考え方、行動をすべて少しずつ変えていくことによって、初めて可能になります。人生は、自分が何かを求めて行動を変えることからしか、変えられないのです。

7

複数の収入を持つ

あなたの収入源は？

もし、あなたがお金から自由になりたいと本当に考えるのならば、複数の収入を持つことを一つの目標にしましょう。

私が会計の仕事をしていたときに気づいたのは、成功している資産家ほど、確定申告の収入の項目が多いことでした。

自分が経営する会社からの報酬に加えて、不動産収入、配当所得、また土地の譲渡《じょうと》などで収入があるわけです。また、会社からの報酬も、１社ではなく、複数の会社から役員報酬をもらっています。そのため、源泉徴収票が何枚もありました。

一般のサラリーマンであれば、一つの会社に勤めて、収入はその会社からもらう給与だけというのが普通でしょう。自営業でも、１社または１店舗しかなければ、収入はそこから受け取れるだけです。

このように、ほとんどの人たちは、収入源を一つしか持っていません。法律で決められているかのように、それを守っているわけです。

会社員であれば、副業を禁止している会社もありますし、公務員も、自分の会社を別に持つことは難しいかもしれません。

けれども私は、なにも副業を持ちなさいと言っているのではありません。副業を持つのと、収入源を複数持つというのは、同じではありません。

少なくとも、収入源を複数持つということを意識することが、最初のステップです。

あらためて、自分の収入源について考えてみましょう。

収入源が一つだけの人と、複数持っている人とでは、豊かさが違います。

あなたは、どうやって収入を得ていますか。

その収入は、どこから振り込まれているのか、毎月金額は変わるのか、変わらないのか。毎月10パーセントでも変動するようであれば、それによっても豊かさは違ってきます。

また、もともとの収入源がカツカツなのか潤沢《じゅんたく》なのかによっても違ってきます。

つまり利益を上げている会社と資金繰りに困っている会社とでは、そこからふりこまれる金額が同じであっても、将来性が違うわけです。

会社に十分な収入源があるのであれば、そこに勤めていても安心していられます。そういう意味では、サラリーマンやOLは、儲かっている会社、大きな会社に勤めるのが有利です。

これは自営業でも同じで、お金持ちのお客さんからお金をもらっているときには、10パーセント、20パーセントの値上げをすることが可能です。

でも、お金のないクライアントの場合には、たとえ数パーセントでも値上げをすることは難しくなってきます。

あなたの収入の質は？

収入の質を考えるときに、自分の労働時間について考えてみましょう。

あなたは、いまの収入を得るために、どれだけ労働しているでしょうか。

いちばんシンプルで割が悪いのは、日払いのバイトです。

私の父は税理士でしたが、「仕事は、支払いが遅ければ遅いほどお金になりやすい」ということを言っていました。

日払いのバイトもそうですが、その日にお金になる商売が、いちばん割に合わないわけです。その日のお金に困っている人はたくさんいるので、ピンハネされたりして賃金が安くなりがちです。

サラリーマンは、働いたら、たいていはその月に報酬が支払われます。

自営業の人は、働いた月に請求書を出して、翌月末などに支払われます。

もっと大きな商売は、すぐにはお金になりません。

何カ月もたってからようやく支払われるのが当たり前という業界がありますが、それだけ報酬も大きくなります。もちろん、取りっぱぐれるリスクも出てきます。

お金のＩＱが低い人ほど、リスクを怖れてすぐにお金になる道を選んでしまいますが、それでは、いつまでたってもお金持ちにはなれません。

ここで、収入の「質」についてもう少し考えてみましょう。

ほとんどの人は時給や月給で収入を得ていますが、これを収入の「質」として見た場合、決して質がいいとはいえません。

収入の質は、どれだけ働かなければならないかで決まります。

まったく働かないでも入ってくる収入は質がいいし、働かないと入ってこない収入は質が悪いということになります。

時給いくら、あるいは月給いくらというかたちで入ってくる収入の質は基本的に悪いのです。

時給や月給が、なぜ質が悪いかというと、たとえば病気などで働けなくなってしまったら、そこで収入が途絶えてしまうからです。

会社の給与はいくら高くても、会社を辞めてしまったらそれで終わりです。人の豊かさは、働かなくても入ってくる収入があるかどうかで大きく変わります。

働かなくても入ってくる収入には、家賃収入、権利収入、印税収入などがありますが、いい点は、その収入がある上に、また別に働くこともできることです。単純に考えても普通に働いている人の倍稼げることになります。

いま働いた仕事の報酬はいつもらえるのか、あるいは、一回で終わりなのか、それとも何度ももらえるのかといったことによって、豊かさの度合いが違ってくるということを知っておきましょう。

同じ仕事をしても何度も報酬をもらったり、何年も前にやった仕事の報酬を忘れた頃にまたもらったりするのが、お金持ちになる人の収入のあり方です。

複数の収入源を持つこと

経済は毎日、変化しています。昨日上がった株価が、今日には暴落するということが日常茶飯事のように起きています。

つぶれるはずのないような大企業が破綻《はたん》したりする時代です。事件や災害、世界経済の流れが変わったことをきっかけに、ある業界全体が不振に追い込まれるということも起きています。

先の項で複数の収入源を持つことについてお話ししましたが、それが同じ業界からの収入だとしたら、その業界がダメになったら、あっという間に干上《ひあ》がってしまいます。

その意味で、複数の業界から収入を得るということが、とても大事な時代になってきたといえます。

以前に鳥インフルエンザが流行したときには、養鶏場や飲食店などが大きな打撃を受けました。私の知り合いの中にも、それによって非常に困った人がいましたが、その人は、幸いほかの業種の会社も経営していたので、その収入で息をつなぐことができたそうです。

ユダヤ人的な考え方に、「複数の収入を、複数の国で持つ」というものがあります。

一つの会社、一つの業界、一つの国では安心できないというわけです。

別の会社や業界、国での収入があれば、たとえ一つがダメになっても、全滅することはありません。

いざ困った状態になったら、いつでも別の分野、別の国に移る準備ができているというのが、豊かな人たちです。

普通の人は、すぐにマネすることはできないかもしれませんが、そういう考え方があるということは知っておいて損はないでしょう。

経済的自由とは？

働かなくても生活できるというのが、経済的自由のある状態です。

あなたは、どれくらい働かないで生活することができますか。「そんな日は1日もない」と思っている人も多いでしょう。

でも、そんなことはないかもしれません。働かなければならない日数を減らすことが、経済的自由への道です。

私のことをお話しすると、学生時代に、株式投資で5千円の配当金をもらえるようになったことがありました。

当時の私の生活水準だと、食費と家賃を考えると、1日に5千円の生活費が必要でしたので、5千円の配当金を得ることは、1日間の経済的自由を手に入れたことを意味しました。

もし、最低限のシンプルな生活でいいとしたら、配当収入や不動産収入などで、年間おおよそ150万円の収入を得られれば、経済的自由を達成したということになります。

「経済的自由なんて、夢の夢です」と言う人がいますが、たとえあまりお金がなくても、1時間分ぐらいの経済的自由なら手に入れることは難しくないでしょう。

たとえば、株式投資をすると、いま、銘柄次第では4％ぐらいの配当が得られます。5万円の投資なら、2千円です。

つまり、5万円の貯金があったら、それを投資にまわすだけで、1日5千円の生活費で計算しても、だいたい10時間分の経済的自由を手に入れることができるわけです。そこから、経済的自由を1時間ずつ増やしていけばいいのです。

10万円投資して、4千円の配当が得られたら、これで1日弱の自由を勝ち得たことになります。そうやって経済的自由が少しずつ増えていきます。いきなり何千万円だと目がくらみそうですが、数万円なら、なんとかなります。そうやって投資にまわす分が増えていくと、自分が勝ち得る自由時間も増えていきます。そう考えると投資も楽しくなってきませんか？

１００万円投資できれば、８日間もの経済的自由が得られるわけです。そうやってお金が入るたびに、１日ずつ、自由な日を獲得していけばいいのです。「自分が働かなくても何日暮らせるか」ということが経済的自由なのだと考えて、お金とつき合ってみましょう。

その計算でいくと、約５０００万円もお金が手に入れば、かなりの程度、経済的自由を達成できたことになります。外国に暮らすことを考えれば、もっと少ない金額でもいいかもしれません。

ほとんどの人が、年に２００日から２３０日、働いています。

その働いている時間をどこまで減らせるかを考えてみましょう。大金持ちにならなくても、経済的な自由を手に入れることは可能なのです。

ミリオネアマインド

経済的自由を手に入れるために必要なのが、「ミリオネアマインド」を持つことです。

ミリオネアマインドは「豊かさ意識」とも翻訳されますが、「自分がやることは自然と富を生む」というマインドで動けることをいいます。

あなたがどれだけ「豊かさ」を呼べるかどうか、ということです。

それは豊かさを引き寄せるということもそうですし、自分が存在するだけで誰かを豊かにしているという感覚でもあります。

「自分がやるプロジェクトはうまくいく」

「自分が一緒にいる人は成功していく」

「まわりの人がなんだか幸せになっていく」

そういうメンタリティを持っている人は、どんな仕事をやっても成功します。彼らは、うまくいって当たり前だと思っているので、不思議と安心して毎日の活動を楽しんでいます。

逆に、自分の価値が低いと感じていて、無価値感が強いと、「自分といる人はみじめになる」とか、「自分は人の足を引っ張っている」などと思ってしまいがちです。

そうなると、本当に人に損をさせたり、人の運を下げたりということが起こってきます。そして、今度もうまくいかないんじゃないかなと、何をやっても不安を感じることになります。

ミリオネアマインドを持っている人は、どの世界でもひっぱりだこになります。福の神のような存在で、その人がいれば、うまくいきそうな感じがするからです。

それを持てるかどうかで、人生の豊かさは、精神的にも、現実的にも、まったく違ってきます。

8

節約をやめて、生き金を使う

使わないと、お金は入ってこない

お金のことを考えるとき、普通の人のスイッチが入るのは、節約モードです。

たとえば、ダイエットをしようと思ったときに、手っ取り早い方法は「食べないこと」です。でも、食べないダイエットは、必ずリバウンドするといわれています。食べたいという欲求を無理に抑え込んで自分に我慢させるので、その我慢が耐えきれなくなったところで、それまで以上に食べてしまうのです。あなたも、経験があるかもしれません。

お金の節約にも、同じようなことが起こります。

節約すると、しばらくはいいのですが、突然無駄遣いをしたくなります。

私の「お金の通信コース」という講座には、「あなたのお金のタイプ診断」という項目がありますが、そこに挙がっているタイプのひとつが「節約&無駄遣いタイプ」です。

「節約&無駄遣いタイプ」の人たちは、節約をして半年ぐらいたつと、我慢できなくなって、どかーんと無駄遣いをします。結局、節約した分の倍ぐらい使ってしまうのがこのタイプの特徴ですが、どこか食べないダイエットと似ていませんか？

ここで知っておいてもらいたいことは、「節約だけで豊かになった人はいない」ということです。なぜなら、お金を出さないことばかり意識していると、お金が入る機会も減ってしまうからです。

将来、お金に困らないために大切なことは、節約に意識を向けるのではなく、どうやって上手にお金を使うのかを考えることです。

たとえば、健康を考えるとき、出すことを我慢していたらいいかというと、そうではないでしょう。「よく出すこと」は健康にいちばん大事なことです。お金も、どう出すのかが大事なのです。

お金というものは、使わないと入ってこないようになっています。

なぜかというと、お金はループのようなもので、出すことで初めて入ってくるものだからです。

お金がかかるから、人とは会わない、食事にも行かないというのでは、何も出ていかないかわりに、入ってくることもありません。

企業の経営が苦しくなると、まず交際費を削るということがありますが、それが悪循環を生むことがあります。

交際費というのは、一見無駄なように思えても、それがビジネスに必ず生きてきます。たとえば、誰かと食事をすることで面白い情報が入ってきます。また、顔を合わせて楽しく話をしているうちに、何か新しいプロジェクトをやりましょうかとなったりします。

そういう出会いが、新たなお金を生むようになります。それは個人でも会社でも同じです。

お金を出さずに新しいお金が入ってくるのなら言うことはありません。要はどこでお金を出すのか、どこで出さないのかの見極めが大事なのです。

生きるお金、死ぬお金

節約をしてお金持ちになった人はいないと言いましたが、お金持ちになった人が節約家であることも、また事実です。

ここが多くの人が勘違いしがちなのですが、彼らは節約してお金持ちになったのではなく、節約マインドで投資をしているから成功するのです。

節約マインドとは、「生きるお金」と「死ぬお金」を知っているということです。それを知っているから、使うところがわかるわけです。

「生きるお金」とは何かといえば、そのお金を使うことによって、もとの価値の何倍も、人を幸せにして豊かにするお金です。

「死ぬお金」とは、それを使うことが誰の役にも立たないお金のことです。

「生きるお金」と「死ぬお金」の違いを知っておくことが、豊かさを引き寄せるのに大切なのですが、多くの人は、「生きるお金」ではなく、「死ぬお金」を使っています。

「生きるお金」は、そのお金を出すことで、誰かを楽しくさせたり、ワクワクさせたり、幸せな気分にさせるような使われ方をするお金です。

そのお金を使うことで、将来につながる人脈ができたり、自分の勉強になるようなものだとイメージしてください。それが何倍にも生きてくるということです。

一方、「死ぬお金」は、本当は欲しくもないのに、そのときのノリで買ってしまったりして浪費される、誰のためにもならないお金です。あとで、「ああ、もったいなかったなぁ」と思ってしまうような使い方です。

せっかくお金を使っても、それが誰のためにもならないことだったら、お金は、その人から逃げていってしまうのです。

あなたの「お金を使うルール」は？

ふだん何かを買うとき、どんなことを基準にそれを選んでいますか？

ほとんどの人たちは、お金を使うときに、自分なりのルールを持っています。

たとえば、スーパーで塩を買うというとき、あなたはどういう基準で選ぶでしょうか。

いまスーパーに行くと、さまざまな塩が売られています。種類も豊富で、値段も、それこそ安価なものから、これが塩かと思うような高価なものもあります。塩のコーナーに立ったとき、あなたは、自分のお金のルールによって、どれを買うかを選んでいるはずです。

たとえば、2番目に高いものを買う人もいれば、いちばん安いものを買う人もいます。だいたい平均的な値段のものを買う人もいるでしょう。

ところで、そのルールは、いったいいつ、誰がつくったものでしょうか。ひょっとしたら、子どもの頃に母親に教えられた通りにしているのかもしれません。あるいは、いつも安物を買う父親に反発して、高いものを買うようになったのかもしれません。「なんでも高いものを買え」という父親に反発して、安いものを買うようになったのかもしれません。

自分の中にいつのまにか埋め込まれた「お金を使うルール」が、いったい、どこから来たものなのかを考えてみましょう。

あなたの人生のクオリティーは、あなたが決めたルールで決まります。別に高いものを買うのがいいとか、安いからいいとかではありません。

そのルールがあなたにとって幸せなものかどうかをチェックしてみてください。そして、それがもう自分の生き方と合わなくなっていたら、変えてみましょう。

これから「お金を使うルール」をどう設定するのかで、あなたの経済状態も変わっていくはずです。

過度な節約をやめる

お金は使わなければ入ってこないというお話をしましたが、だからといって無駄遣いをしろと言っているのではありません。

「過度な節約をやめる」というのは、ただお金を惜しむだけではダメだということです。

たとえばパーティの案内状が来たときに、会費が1万円とあったとしましょう。1万円という金額を見て、もったいないと思ってパーティに行かないというのは、つまらない節約だということです。

そこで出会えるかもしれない情報や人脈を、むざむざ捨ててしまうようなものかもしれません。

もちろん、どんなパーティにも行きなさいということではありません。

行くか行かないかを、会費の金額を見て決めないということです。

それは、ごく日常的な小さな飲み会などでも同じです。

「自分はお酒も飲めないし、食べるにしてもそれほど食べられるわけじゃないし……」と思って、誘いを断ってしまう人がいるようです。

私たちの時間とお金は限られています。だから、なにもかもにつき合っていたら、時間がいくらあっても足りません。

その意味では、気の進まない飲み会は断ってもいいのです。

けれどもそれが、「誰かがおごってくれるなら行く」というのでは、判断のしかたを間違っています。

節約とは、無駄があったら切り詰めるということです。人生のチャンスまで切り詰めては、もったいないと思いませんか？

今度、お金を節約したいと思ったら、それはチャンスなのか、それとも無駄なのかをチェックしてみましょう。

無駄遣いを楽しむ

「無駄遣いしてはいけません」

子どもの頃に、親や大人たちから、そう言われた人は多いと思います。

けれども、この章の最後に伝えたいのは、人生で楽しいと思えるようなものは、だいたい無駄遣いになるということです。

豊かさというのは、じつは、すべて無駄なものなのです。

バッグでいえば、ものを入れて持ち運ぶことだけを考えたら、10万円もかける必要はありません。数千円のものであっても、用は足りるわけです。極端に言うと、紙袋でいいのです。

けれども、10万円のバッグは、やはり質の高いバッグです。

車でも同じことが言えます。普通の車より１００万円高い車というのは、走るという意味では性能が一緒でも、インテリアが素敵だったり、いろんな機能がついていたり、より安全であったりするわけです。

一般的に、値段の高いものほど、楽しかったり、より質のいいものだったりするということは確かです。

安いものだけを買い集めて、人生の最後に、「ああ、私の人生は節約できて子どもにお金をいっぱい残せて楽しかった」という人は、いないとは言いませんが少数派だと思います。

最近はデートでさえレストランなどを利用するカップルは減っていると聞きます。家族でも、節約して旅行や外食を控えているという人は少なくないようですが、家族やパートナーに節約を強《し》いると、思い出のない人生になってしまいます。

中年の子どもにお金を残すよりも、毎年家族旅行に行く人のほうが幸せじゃないかなと思います。そのために使うお金が「生きるお金」であることは間違いありません。

9

資産と負債の違いを知る

お金に困らないための、最初の一歩は

お金に困らないための第一歩は、「資産と負債の違い」を知ることです。ほとんどの人たちは、その違いを知らずにお金を使っています。

たとえば車やマンションをローンで購入しています。「毎月の支払いは大変だけど、財産になるんだし、家賃を払うよりはいい」と考えている人は多いでしょう。

けれども、その車やマンションは、果たして資産になるでしょうか。

日本が右肩上がりの高度経済成長期であったときには資産になったかもしれません。しかし、いまは景気が多少よくなったとはいっても、購入したマンションが、購入した金額よりも高く売れるということは、あまりありません。

現実に、ローンが払えなくなった人が、売ることもできずに自己破産すると

いうことも、決してめずらしいことではありません。

マンションなどを購入して資産を増やしているつもりが、じつは負債を増やして、資産を減らしている人が少なくないのです。

車もそうです。３００万円で買った車が、３年後も同じ値段で売れることは、ほぼありません。毎年、価値は下がっていくし、維持費も保険代もかかります。そういう意味では、車は資産ではなく、負債なのです。

将来、お金に困らないためには、いかに負債をなくして、資産を増やしていくかを考えればいいわけですが、この定義がわかっていないために、あやまった選択をしてしまうわけです。

残念ながら、こういうことを学校では教えてくれません。家庭でも教えてくれないし、大学でも教えてくれません。大学の経済学部の先生でも、この違いを本質的にわかっている人はあまり多くありません。

もしわかっていたら、大学の先生たちは、もっとお金持ちになっているはずです。

資産と負債の違い

『金持ち父さん貧乏父さん』（筑摩書房）の著者ロバート・キヨサキによると、資産と負債の定義は、はっきりしています。

「その人にお金をもたらすもの」が資産です。

逆に、「その人からお金を奪っていくもの」が負債です。

たとえば車というのは、年々その資産価値が下がります。そして維持費もかかります。どんな高級車を買おうと、それは資産ではなく、負債になるわけです。

ところが簿記《ぼき》の世界では、車は「資産」になります。それで「資産」だと勘違いしてしまうのですが、それはあくまでも税務上の分類です。

株の場合はどうでしょうか。株価が下がることはあっても、その会社が倒産しないかぎりは、価値がゼロになることはありません。

もし配当が出るものなら、お金がお金を生んでくれます。こういうものを「資産」といいます。

マンションもそうです。自分の住んでいるところは負債になりますが、家賃収入を得るためのマンションは、たとえローンを組んでいたとしても、収入のほうが多ければ、それは資産になります。つまり、マンションには、資産になるものもあれば負債になるものもある、というわけです。この違いがわかることが大切です。

例外もあります。

たとえば、この定義からすると、大きな家も、人によっては負債かもしれません。でも、そこでパーティを開いたりして人脈を広めるのに役だつとしたら、これは負債にはならないわけです。

世界のお金持ちがホームパーティをするのも、そういう意味があります。自分の趣味やステータスを見せながら交流を深めていく社交技術に、家を使うという方法があるのです。

また、目に見えない資産、負債も、じつはあなたの中にあります。才能というのは持って生まれた能力ですが、それがあなたにお金をもたらしてくれるという意味では、これは素晴らしい資産です。

それに対して、自分の中の無駄遣いのエネルギー、ネガティブなパターンは、負債になります。

たとえば「今日はパーッと散財してしまおう」というのは、負債のエネルギーです。負債というものは、基本的にコストがかかるものです。

無駄遣いというのは一回ですから、それはたいした負債にはなりません。けれども、無駄遣いをするパターンは負債になります。見栄を張るといった性格も負債と言えるでしょう。

自分の中にあるものの中で、何が資産で、何が負債なのかを見分ける必要があるわけです。

資産って何?

資産の定義は、前の項で話したように、自分に「お金をもたらすもの」「豊かさをもたらすもの」です。

それはたとえば、価値を生み出す不動産であったり、株であったり、あるいは、ロイヤリティを生み出す発明品や著作物であったりします。

資産の定義を物やお金だけでなく、より広くとらえると、素晴らしいものを紹介してくれる友人、喜びをもたらしてくれる子ども、やりがいのある仕事などはすべて「資産」です。あなたの人生にとって、かけがえのないものと言っていいかもしれません。

あなたには、どんな資産がありますか?

次ページのリストに挙げていきましょう。

▽ あなたの資産とは……

将来、お金に困らないためにしておきたい17のこと__Ken Honda

負債って何？

負債の定義は、「自分からお金や豊かさを奪うもの」です。それがあることで、お金が減ってしまう、心がすり減ってしまうものだと考えてください。たとえば、先にも話したように、どんなに高級な車でも、日がたつにつれてその価値は下がっていきます。洋服も同じです。どんなブランド品も古着になってしまいます。

趣味にお金をかける人がいますが、それが、ただお金を奪っていくものである場合には、やはり負債になります。

友人は大切な存在ですが、意味のない飲み会に誘ってくる友人、怪しい儲け話を持って来てこちらに損をさせる友人も負債と言えるでしょう。

人によっては、子どもが負債だということもあります。社会人となって自立するときを迎えても援助が必要な場合には、それが負債になっていたりします。その場合は、経済的な面だけでなく、精神的にも重くなっているかもしれません。

また親として、自分が子どもの負債になることもあります。負債とは何かを理解することで、将来のあなたの幸せの邪魔にならない生き方を選択することができるようになります。

それがわからないと、負債を資産と勘違いしたりして、人生を狂わせてしまうことにもなりかねません。

つい脂っこいものを食べる、お酒やタバコを過度に取りすぎるというのも健康面での負債です。心配する、不安をいつも抱えているというのは、精神面での負債と言えるでしょう。

あなたにとって、何が負債になっているでしょうか。ここで、あらためて考えてみましょう。

▽ あなたの負債とは……

お金持ちが買っている資産は？

お金持ちというと、たくさん稼いでいる人とイメージする人が多いかもしれませんが、実際にお金持ちになった人を見ていると、案外、コツコツと資産を買い集めているような気がします。

それは、将来値が上がりそうな株や絵だったり、小さなマンションだったりします。

たとえば株やゴールドを買うにしても、大きく儲けようとはしません。少しずつでも、長期的に価値が上がることを大切にしています。

株は価値が下がっても、ゼロになることは滅多《めった》にありません。ゴールドの現物も同様です。

つまり、将来お金が入ってくるもの、価値が上昇するものを、コツコツ買っていく人が、将来お金に困らない人になるわけです。

それに対して、投資は一切せず、お金があれば、郵便貯金や定期預金に預けるだけの人がいます。

こういう人たちの資産は、永遠に増えることはありません。いまの日本の預金の利子は、インフレに対する慰謝料のようなもので、資産が増えることには貢献しない金額になっています。

お金に縁がない人は、資産をまったく持たずに、いまの収入だけで生活をやりくりしているはずです。

日本人のほとんどが当てはまりますが、どんなに貯金があったとしても、資産が預貯金以外に何もない人は、インフレなどが起きたら、たちまちその財産を大幅に減らすことになります。

これではまずいな、将来お金持ちになれないなということに気づくことが大切です。

10

通帳を
複数つくる

お金の管理のしかた

あなたはお金をどんなふうに管理していますか。

たとえば、銀行口座はいくつ持っているでしょうか。

まだ社会人に成り立てでしたら、給与を振り込むための口座しかない、という人も多いかもしれません。

自分の口座の分だけ通帳があるはずですが、たいていの人は、1冊か2冊しか持っていないのではないでしょうか。

そして、ほとんどの場合は、キャッシュカードさえあればすむので、通帳に記帳すらしないという人もまた、少なくないかもしれません。

それでも困ることはありません。

ある人は、1年ぶりに記帳をしに行ったそうですが、1カ月で動きがあるのは給与の振り込みと保険の支払いと、あとは自分の生活費のために下ろすだけなので、1年分を記帳しても、通帳を繰り越す必要はなかったそうです。

お金の「無関心タイプ」の典型ですが、こういう人はお金に縁がない人です。

お金持ちの通帳は、たまに記帳すると大変です。

あるビジネスオーナーは、久しぶりにATMで記帳したら、繰り越し繰り越しで、何冊も通帳が更新され、全部が終わるまで30分もかかったそうです。それだけお金が入ってきていたということです。

多くの人の通帳には、入ってきたお金を適当に使い、いつまでたっても残高があまりない状態が記帳されています。そしてそれを見て、青くなったりドキドキしたりしながら、なんとなく帳尻を合わせていく。そんなお金との関わり方が、通帳からも見えてきます。

これでは、お金を管理しているとはいえません。

自分のお金をどう使っていくのか。これから考えてみましょう。

複数の通帳をつくる

豊かに生きている人は、複数の通帳を持っています。

通常の生活費を管理する口座のほかに、経済的自由のための口座や、人にプレゼントをするためのお金を入れておく口座、投資するお金を管理する口座、家族の楽しみのための口座などなど、お金を色分けして管理していくのです。

そうすることで、自分が何にお金を使うのかが見えてきます。

それは生き方の変化につながります。

「人にプレゼントするなんて、そんなに考えていなかった」という人でも、「人にプレゼントするための口座」を持ったら、誰に何をあげようかと考えるようになります。

いまの自分にはそんな余裕はないと考える人もいるかもしれませんが、収入の多い、少ないは関係ありません。カードを一枚送るのでも、素敵なプレゼントになります。少ないお金でも、そうしてお金の使い道を考え、分けることで、お金との関わりだけでなく、生き方も変わっていくのです。

なかでも、経済的自由を達成する口座を持つことで、人生は変わるといっても過言ではありません。

この口座は、一度入金したら、二度と引き出さない口座です。

無理な金額を入れる必要はありません。

毎月少しずつでもいいので、「いつか経済的自由を手に入れるのだ」と意識しながらお金を入れていきます。そうしてそれが「5万円になった」「10万円になった」となると、豊かな感覚を味わうことができます。

二度と引き出さない、というのは、一生引き出さないということです。お金持ちの人たちには、そんな「一生引き出さない口座」があるものです。「え！そんなのもったいない」と思うかもしれませんが、死ぬときにお金を持っているから「お金持ち」なのです。

一生引き出さない口座の意味

お金持ちになれる人と、お金に縁がない人との違いは、その思考回路だと思います。私は20歳のときにアメリカに渡って、大富豪といわれる人たちに会って、そのことを実感しました。

お金持ちはどんなふうにお金のことを考え、どんなふうに使うのか。それが、ミリオネアマインドです。

このマインドを身につけることは、じつは、それほど難しくありません。

たとえば前の項で、お金持ちには「一生引き出さない口座」があるとお話ししました。これは、その気になったら誰でも、いますぐにも、その口座を持つことができます。

「そんなことを言われても、入金するお金がないよ」という人もいるかもしれませんが、千円でもいいのです。

それも、どうせ「一生引き出さない口座」です。ですから、たとえば千円の貯金がある人は、通帳の数字に鉛筆で0を6つ書き足してみましょう。すると、千円が10億円になります。

千円しかないと思うと、行動が制限されます。旅のガイドブックを見ても、「どうせ自分には行けない」と思ってしまいます。でも、10億円あったらどうでしょうか。

「泊まるなら、このホテルにしよう。いや、こっちのほうがいいかな。食事はどこで取ろうか。運転手は……」などとイメージが湧いてきます。

仕事もあるし家族の都合もあるからすぐには行けない、となれば、千円しかない自分も、10億円を持っている自分も、じつは「いまは行かない」ということでは行動は一緒です。

けれども、「どうせ行けない」と考える自分と、「そのうち行こう」とイメージを膨《ふく》らませられる自分では、雲泥《うんでい》の差があります。

「経済的自由を達成する口座」をつくって、実際に毎月積み立ててその金額が増えていくと、それが磁石となって豊かさを引き寄せてくるようになります。

私は、最初は毎月5千円から始めたのですが、5万円になり10万円になりと、その額が増えていくにつれて、自分にはそれだけの力があるんだという自信につながりました。

日本マクドナルドの創業者、藤田田《ふじたでん》さんが、若い頃からずっとこれを実践していて、あるときその口座が何億円かになったというふうに書いていました。

たとえ何かで失敗したとしても「自分にはこれがある」というものを持つことで、ミリオネアマインドをつくっていけます。

ミリオネアマインドは、「失敗」や「貧乏」にフォーカスしない意識ともいえます。「貧乏だから、それをしない」というのと、「いまはその時期じゃないから、それをしない」というのとではまったく違うということを覚えておきましょう。

黄色い財布は財運をもたらす!?

「どんな財布を持ったら、お金持ちになれるのか」

雑誌の特集でよく見る企画のテーマです。

黄色い財布がいい、長財布がいい、派手な財布がいい、毎年新しくするのがいいなどなど、さまざまな「都市伝説」があるようです。

もしも、それが本当ならば自分もあやかりたいと思うのは人情ですよね。

それでというわけでもないのですが、私はお金持ちの人と会ったときに、財布を見せてもらうようにしています。

それでわかったのは、財布が個人の経済状態を決めるということはあまりないということです。

億万長者でも、ボロボロの財布を使っている人もいれば、きれいなブランドもののお財布を持っている人もいます。

黄色い財布や長財布がいいというのは、それを持つことで、お金に対する意識や観念が変わるからだと思います。

黄色い財布を買って神棚に飾ったからといって、お金が入ってくるわけではないのです。

大切なのは、お金が入ってくる人の「お金の観念」を身につけることです。

誰でもジンクスのようなものを持っています。

「この財布にしてから金運がよくなった」

「この財布にしてからなんとなくお金が入るようになった」

そんなふうに感じることがあるかもしれませんが、そのとき、財布以外には何が変わったのかを意識することです。

そうすることで、どんな「伝説」にも惑わされずにすみます。

財布にこだわるより、お金の使い方が大切なのです。

11

仕事の単価を上げる

自分にしかできない仕事をする

経済的自由を手にするには、まずは「自分にしかできない仕事をする」ことです。

資産を親から譲り受けるということがなければ、豊かさは、自分でつくり出すしかないわけです。

では、その資産をつくり出すには、どうすればいいのか。

最初は、もちろん自分で働くしかありません。そして、たいていの人は、それをしています。

通勤に時間がかかったり、混んだ電車に乗らなければならなかったりするのも、働かなければならないからです。

けれども、同じ働くといっても、その働き方はさまざまです。

働いている人はみんな、混んだ電車で通勤しなければいけないかといえば、そんなことはありません。

また、その報酬もさまざまです。

多い人もいれば、少ない人もいます。通勤時間の長い人は、定期券代は高いかもしれませんが、それによって報酬が上がるということはありません。

普通の人が自分の資産をつくるには、自分で働くことが第一ですが、できるだけ報酬の高い仕事をすることが大切です。

どうすれば報酬が高くなるかといえば、自分にしかできない仕事をすることです。自分の事業を持っている人なら、自分の会社にしかできないサービスや技術を提供することです。

ほかの人たちが真似できないような仕事をすることによって、自分の価値を高めていく。それによって初めて、生活に必要以上のお金が入ってきます。

その差額が投資にまわり、経済的自由を生み出す原資になっていくわけです。

何を提供するのか

経済的自由への道は、自分が受け取るものよりも自分が提供したものが圧倒的に多い場合に開けてきます。

そういうわけで、自分は何を提供しているか、何を提供できるかを意識することはとても大切なことです。

たとえばクリーニング店は、日本全国に何万件もあります。その中でも、今月には閉店する店もあれば、全国からお客さんが絶え間なく来るという店もあるでしょう。

その違いはどこにあるのかといえば、その店にしかできない技術やサービスがあるかどうかです。

普通では落ちないシミも、その店なら跡形もなく消すことができるとしたら、そこにお客さんが集中するのは当たり前だと思いませんか。

では、あなたは、何を提供できるでしょうか。

会社勤めをしていても、ほかの社員とは違う、あなたの売りはあるでしょうか。

自分が提供できるものとは、その人の才能と置き換えることもできます。

人には必ず才能がある、というのは私の持論ですが、それは人によって、ものを売るという才能だったり、人を和《なご》ませるという才能だったり、アイデアを思いつくという才能だったりするかもしれません。

人を紹介してつないだり、ものをつくり出したりという才能もあります。

そうした自分の才能を生かせる仕事に就《つ》いている人は、提供できるものが多いでしょう。

その提供できるものを最大限に生かして、社会にたくさん与えたご褒美として、経済的豊かさがやってくるのだということを理解してください。

自分には何が提供できるのかを考えてみてください。

専門分野を持つ

あなたには、専門と呼べるようなものが何かありますか？大好きなことでもかまいません。それをやっていたら、あなたもハッピーで、まわりも幸せにできるようなことです。

それがあれば、経済的な成功への道に乗っているようなものです。

「自分の大好きなことは、人に教えることです」

「私の得意なのは、写真を撮ることです」

「私の特技は、人を癒《い》やすことです」

「自分の専門は、イベントを運営することです」

このように、自分の大好きなことや、特技、専門分野をはっきりと言える人は、すでに経済的自由への道を歩み始めていると言えます。

たいていの人は、自分の専門分野がよくわからないまま生きています。端《はた》から見れば、しっかりとした専門分野を持っているような人でも、「仕事は教師だけど、たまたまそうなっただけで、本当はもっと違う道もあったんじゃないかと思っています。できればもっといい仕事に転職したい」と言ったりして、まわりの人をびっくりさせたりします。そんな状態で教えられる生徒は、どんな気持ちになるでしょうか。

専門分野というのは、最終的に、自分がどこで勝負するのかということです。ではどうすれば、専門分野を見つけられるのか。

簡単な方法は、いままでやってきたことで、いちばん上手にできることを見つけることです。

とはいえ、いままでやってきたことのないことでも、ひょっとしたら、ものすごい才能が眠っているかもしれません。

自分に何ができるのか。自分にとって何をしているときが快適なのか、ワクワクするのかを考えてみましょう。

仕事の単価を上げる

あなたは、時給換算でいくらぐらいの仕事をしているでしょうか。

もし時給にして2千円以下の仕事をしているとしたら、「普通の仕事をしている」ということになります。

誰か別の人がやっても支障のない仕事をしていると、それぐらいの値段になります。逆に言えば、そこから報酬を上げていくのは、よほど工夫をしないと難しいでしょう。あなたが自分にしかできない技術やサービスを提供しなければ、報酬を上げていくことはできません。

その人にしかできないことに、人や会社は高いお金を出します。

あなたがやっていることの専門性が高まって、日本で数人しかできない手術をやる技術だとか、ゴッドハンドといわれるようなマッサージができるような技術を持てば、時給2千円で働くということはありえません。時給換算で2万円、10万円と天井知らずに収入が上がっていきます。

「不景気だから自分の給料が上がらない」と言う人がいますが、不景気でも給料が上がる人はたくさんいます。

給料が上がらないのは不景気のせいではなく、あなたの技術やサービスが、そこまで評価されるほどのものではないからなのです。

もちろん、どんなに特別な技術やサービスを提供しても会社が認めてくれないということはあります。でも、あなたの提供しているものが本物なら、それを見ている人がいます。他社や他業種から声がかかる人というのは、そういう「与える能力のある」人たちです。

高い時給の仕事に就けということではありません。自分の単価を上げていくことを意識することで、あなたの仕事のしかたが変わるはずです。

そのためには、自分にはどういう才能があるのかを調べ、それを磨いていくという作業が不可欠です。

楽しく才能を磨く

人生で一番の喜びの一つは、自分の才能を見つけて、それを磨くことです。いまの職場では、あなたの才能は十分に生かされていないかもしれません。でも、その中で、楽しみを見いだして、与えられたことをちゃんとやるのが才能を見つける最初のステップです。

たとえば事務の仕事をしていて、来客にお茶をいれなければならないということがあるかもしれません。「なんで自分が？」と不満を持つかわりに、せっかくだからと考えておいしいお茶をいれることに工夫をしていけば、おもてなしの才能が目覚めるかもしれません。

車で営業をしているうちに、運転の才能に目覚める人もいるでしょう。

専業主婦だった人が、旦那さんが病気になったのをきっかけに働き始めて、起業し、経営者としての才能を花開かせたという例も知っています。

「どうせ自分なんて、こんなものだ」

そう思ったら、経済的自由への道は、そのとたんに閉ざされてしまいます。

将来、自分にしかできない仕事をするには、自分の才能を見つけ、それを磨くことが前提となります。そのためには、とにかく目の前の仕事を楽しむことです。

この世界には、くだらない仕事なんてありません。ある仕事をくだらないと思う人がいるだけです。そういう意識で、与えられた仕事に一生懸命になっている人には、必ず次のチャンスが与えられるようになっています。

そして、そういうチャンスや才能は、いままで全然やったことがない場所にある可能性が大なのです。

あなたにはどんな才能があるか、いまはわからなくてもいいのです。それをこれでもない、これかなぁと、ドキドキしながら探してみてください。

そのプロセスこそが、人生の醍醐《だいご》味《み》です。

12

投資をする

投資から逃げない

お金持ちは、必ず何かに投資しています。

これは、投資が好きかどうかは関係ありません。お金がたくさんあるために、すべてを現金で持っているわけにもいかず、結果的に何かに投資することになるわけです。

投資には、いろいろな種類があります。

要はお金を別のものに換えておくということですから、絵画や骨董品《こっとうひん》のような物だったり、株や不動産だったりします。

多くの人は、お金が貯まっても、投資することはなかなかありません。とくに日本の場合はその傾向が強く、何千万円も持っていながら定期預金しかしていない人も少なくないようです。

投資がいいと聞いても二の足を踏んでしまう人が多いのは、それに慣れていないからです。

それに投資にはリスクが付きものといわれるので、そのリスクを冒したくない、安全でいきたいということもあるでしょう。

そうやって、ほとんどの人たちが投資から逃げているのです。

なかには車に投資しているという人もいますが、資産価値のある車はクラシックカーに限られていて、ほとんどの車は、いざ売るとなると「中古」の評価しかつきません。

お金を増やすには、お金のＩＱが必要です。

お金のＩＱとは、「お金の知識」のことで、会計や税務、投資、ビジネス、法律に関する実務面の知識、知恵のことです。

何の勉強もしないで投資して、なおかつ絶対に損はしたくない、というのが多くの人の感覚ですが、じつは上手に損をする方法もあります。そういう上手な損をしていくことで、お金のＩＱは高められていくのです。

投資をしないでお金持ちになった人はいない

第10章で、引き出さない口座を持つことについてお話をしたときに、毎月、少なくてもいいから積み立てていくことが大切だとお伝えしました。

でも、それだけではうまくいきません。毎月、郵便貯金をするだけでお金持ちになった人はいないのです。そのペースでは、追いつかないからです。将来、お金の余裕を手に入れるには、なんらかの投資が、やはり必要になってきます。

ところで、投資とは何でしょうか。

それは自分に投資することかもしれません。人に投資することかもしれません。企業に投資することかもしれません。

そうした投資なしにお金持ちになった人はいないということを、ここでもう一度、はっきり理解しておきましょう。

そのうえで投資とは何かを理解し、投資を始めましょう。

通帳を複数持つというのは、ペイオフ対策としての資産の分散にもなりますが、投資でも、いろいろなものに分散しておかないと危険です。

株を持つにしても、一つの会社のものだけだったら、何か不祥事を起こしたりした場合、一気にその価値が落ちてしまうし、最悪倒産もあり得ます。

株価の上がり下がりはニュースになりますが、株だけに投資していたのでは、それに一喜一憂することになります。お金に困らないためにしているはずが、いつのまにかお金にふりまわされることにもなりかねません。

投資を学ぶことは、じつは投資の心理を学ぶことでもあります。人が一喜一憂したり、感情に左右されて投資で失敗する例を学ぶことで、自分が失敗するのを避けることができます。

また分散することで、株が下がっても、不動産の価値が上がったり、ゴールドの価値が上がったりして、助かるということもあります。

投資をしないことがリスク

いままでも、そして、これからも経済は、アップダウンを繰り返すでしょう。

そういう時代に、現金だけを持っているのは不利です。

たとえばある年に１００万円を株に投資していたら、年の終わりには１４０万円くらいまで値をつけることがあります。

自分は株をしないから40万円儲け損なったと考える人がいるかもしれませんが、実際に現金が株にくらべて大きく目減りしています。

銀行口座の残高は減っていないからよかったと安心するのではなく、現金の価値が下がったと理解するべきなのです。

リスクを冒すのが怖いから投資はしないと思っていても、じつは何も投資しないことがリスクになっているわけです。

お金は、世界中を駆けめぐっています。

銀行などの金融機関に預けられたお金は、誰かのために使われています。あなたが動かさなくても、動いているのです。

もちろん、誰かがあなたの預金を使ってしまうわけではありません。だから残高が減るわけではありませんが、ゼロ金利が久しい日本では、ほとんど増えることもありません。

そうして、気がついたら、「100万円の使い出があまりなくなったね」というようなことが起きますが、そのときにはもう遅いわけです。

一晩で預金を半額にされたら暴動が起きますが、数年かけて、実質的に目減りしていっても、日本人は「しかたがない」と納得してしまうことになるでしょう。実際に、いまの日本でお金を持っているのは、高齢者でお金に疎《うと》い人たちなので、政府に抗議行動をする人はほぼいないのです。

投資もしないで、ただお金を預けておくだけだと、損なような気持ちがしてきたのではないでしょうか。

お金持ちになる人とお金に縁がない人

お金持ちの人とお金に縁がない人の違いは、リスクを取れるかどうかということがいちばん大きいのではないかと思います。

お金に縁がない人は、リスクを一切取りません。というか、取れません。

そして、リスクを取らないのがいちばん大きなリスクだということにさえ、気がついていません。

お金持ちは、何もしないのがリスクだということを体験から知っています。

それで、損する可能性を覚悟して投資するのです。

損をしても、また取り返せばいいと思っています。損をすることが前提なので、たとえ損をしそうな状況になっても、あわてません。

そんなふうにお金を動かしていると、たとえ一つは失敗することがあっても、トータルでは結局うまくいき、またお金が増えてしまったというのが、お金持ちの人のパターンです。

リスクを恐れて何もしないのでは、何も起きません。

お金持ちの人とそうでない人とでは、実際に投資するかしないかも大きな差としてありますが、もっと深く見ていくなら、「損をしても、やってみる」というメンタリティがあるかどうかということなのかもしれません。

絶対に損をしないようにしようとしているとかえって損になるとは、皮肉なものです。

お金にはそういうところがあって、上手に損をしながら、投資家としての経験値を増やしていった人が、お金に恵まれるようになっています。

そういうことが面倒くさいという人は、やはりお金に恵まれる可能性を放棄《ほうき》してしまっていると言えるでしょう。

豊かな人生を生きたいなら、それに応じたお金持ちのメンタリティを持つ必要があるのです。

上手に損する

いざ投資を始めようと思っても、証券会社で口座をつくることを考えただけでも、躊躇《ちょうちょ》してしまう人は少なくないでしょう。持ってもいないのに、大金を損してしまうような、そんな怖さを感じてしまうのかもしれません。

株で大損した人の話を聞くと、その額があまりにも大きかったりするために、自分がそんな立場になったらどうしようと心配になるのです。

でも、そうやって損をする人は、じつは大きく儲けてやろうと思っている人です。株で一花咲かせるといった期待が大きすぎて、逆に失敗したときの損も大きくなってしまうのです。

株は短期で見てはいけない、ということがあります。長期で見れば、そこまで大きな失敗をする可能性は小さくなります。

もちろん、ときには下がることもあります。当然、損をするリスクはありますが、そのリスクを冒して、あえて投資の世界に出ていくことをしないと、いつまでたってもお金とは縁のない生活から抜け出すことはできません。

損をするにしても、上手に損をする方法があります。一定の金額を損したら一度相場から離れるということも、素人の投資家にはできます。素人が適当に売り買いをしても、うまくいくはずがありません。

ただ、投資家の中にも、偉大な素人投資家という人たちがいて、株の知識はほとんどないのに、投資で成功しています。

そういう人たちから学んでみるのもありでしょう。

投資でこけるときには、上手にこけましょう。そして、その損から何かを学んで、また再挑戦していけばいいのです。

最低限の知識を学んでから、投資の世界に入っていってください。

時間を味方につける

短期間で儲けたものは、短期間で損するようにできている。

これは、どの投資にも共通して言えることです。

逆に、長期間で見ていけば、価値は少しずつ上がっていく可能性があります。

投資は時間を味方につけることで、より有利になるのです。

長期投資家の人たちは、そうして成功しています。

この感覚を、ぜひ、投資だけでなく、人生にも持ち込んでいただきたいと思うのです。

人は自分の才能を見つけたら、それですぐにでもビジネスを始めたい衝動に駆られるものです。そしてビジネスを始めたら、すぐに成功したいと願います。

けれども、自然界はそういうふうにはできていません。

種まきをして、すぐに刈り取れるということにはならないし、実りの大きいものほど、育つのに時間がかかります。アルファルファや貝割れ大根でいいのなら、1週間で育ちます。野菜なら、1カ月。お米は半年で収穫できます。しかし、果実となると、桃栗3年柿8年と言われるぐらい、収穫するまで時間がかかります。

投資も、自分の才能も、時間をかけただけ大きくなるということがあります。すぐに利益を生み出さなくても、利益は、原資も才能も大きくなってから入ったほうが、より大きなものを受け取れます。

それが時間を味方につけるということです。

自分に投資したり、人脈に投資したりするときに、すぐに刈り取ろうとしてはいけません。

1年で利益を出すことは難しくても、3年間で自分の才能を磨いて、そして経済的にリターンを得るということは、十分にできると思います。豊かさへの道は、長い時間をかけてゆっくり歩いてください。

13

時代の流れを読む

経済の仕組みを知る

経済の仕組みはどうなっているのか。

そのことをリアルに理解するのはとても大事なことです。

そもそも「経済」とは何かといえば、自分が出したお金が、どういうふうにまわりまわって自分に返ってくるか、ということです。

昔は、たとえば、店で何かを買うと、お金が支払われます。支払われたお金は、その店の人によって、また何かを買うために使われる。それは店の仕入れに必要だったり、店で働く人の生活費になったりします。

いまもその仕組みは変わりませんが、昔は目に見えるお金のやりとりだったのにくらべて、いまはクレジットカード、電子マネーでの決済も多くなりました。お金を使っていながら、その実感がないという人もいるのではないでしょうか。

江戸時代と違って、お金のシステムは理解しづらく、かつややこしくなっています。外国でお金を使う場合には、さらにややこしくなります。

自分の持っている「円」が「ドル」になったり、「ペソ」になったりします。その日や時間によって、1000円が10ドルになることもあれば、それ以上になったり、それ以下になったりするわけです。

それはなぜなのか。

よくわからずに、なんとなく得をしたり、損をしたりしながら、お金を使っている人がほとんどです。

お金の機能についてしっかり理解しておかなければ、「お金とは何かよくわからないものだ」ということになってしまって、混乱するだけです。

株は、どうなったら上がるのか、下がるのか。為替《かわせ》は、どうして上がるのか、下がるのか。そういう基本を勉強しておきましょう。

要は、上か下かで決まる

株価が上下するのはなぜかといえば、その株を欲しい人、手放したい人の数がそのときによって変わってくるからです。

ある会社の株価が上がるのは、それだけその株が欲しい人が多いということです。

「きっとこの会社は伸びる」

そう期待している人が多い会社の株価は、その会社の経済的な価値にかかわらず上昇する傾向があります。

逆に、その会社の株を売りたい人が増えれば、株価は下がります。スキャンダル、事故、一時的に業績が下がったといったことが発表されると、あっという間に10パーセントも株価が下がることがあります。

「もう、この会社はダメだ」

「失望した」

と多くの人が感じたら、その会社の株価は暴落します。

価値が上がったり下がったりするのは、会社だけではありません。

日本の「円」が上がったり下がったりするのは、毎日のニュースで聞いていると思います。「円」は安心だと思えば、「円」を持っていたい人は増えます。

日本の「円」なんか持っていても、いつ紙切れ同然になるかわからないとなれば、「円」は売られ、そう思う人が増えるほど、価値が下がるわけです。

昨日まで使っていたお金が紙切れ同然になるなんて、いまの日本でしか暮らしたことのない人には実感がないかもしれませんが、国の政局が大きく変化したり、災害などで国全体が危機的状況に陥《おちい》るなどしたときには、それが現実になります。実際に、そういう状況に追い込まれている国は、いくらでもあるし、日本でも、かつてはそうしたことがありました。

上がるか下がるかでいえば、土地もそうです。

経済が上向きになる、下向きになるということもあります。

将来お金に困らないためには、いかに時代を読んでいくかが大切な鍵になります。

そして「時代を読む」とは、要は、上か下かを見ていくことです。

まるで博打《ばくち》の丁か半かの世界のようですが、考えてみれば人生もギャンブルのようなものです。

あなたの国は、会社は、住んでいる土地は、これから上がるのか、下がるのか。それは賭けといってもいいでしょう。

その賭けに勝てるのかどうかが、人生の勝敗を分けます。

勝率を上げるには、自分が賭けそのものをよく知ることです。

国はどうなっていくのか。会社はどうなっていくのか。

この土地はどうなっていくのか。

そして、あなた自身はどうなっていくのか。

それを見極めることです。

お金は、世界を駆けめぐる

「お金」は、この瞬間にも、世界を駆けめぐっています。

たとえば、いま東京で投資したお金が、すぐに香港やミャンマーで工場を建てるお金として使われることがあるわけです。

そんなお金の動きに、普通の人は、ほとんどついていけません。なぜなら、自分の生活にお金が流れてくるのは、たいていが、働いている会社からひと月に一回だけだからです。

そういうお金は、あなたが意識していようといまいと、どんどん次へと流れていきます。

たとえば、あなたがある製品を買ったとします。自分に必要なものとしてそれを買うわけですが、その製品を売っている会社はそこから利益を出します。

その利益で、商品やサービスを開発したり、あるいはそのための工場を海外に持ったりすることもあるでしょう。そのある部分は、税金として納められて、あなたの家の前の道路を舗装《ほそう》することになるかもしれません。

対会社で見たとき、あなたはそこの会社の製品を買うことで、その会社に投資しているのです。その投資が、新たな商品やサービスの開発費用となって、あなたに還元されることになります。

あなたが使ったお金は、あらゆる場所に動いていきます。

この世界にあるお金は、そうやってダイナミックに動いているのです。

自分が使うお金、稼ぐお金は、どこから来ているのか、またはどこに向かっていくのか、ということをイメージしてみましょう。

それが経済の仕組みを知ることにつながります。そのお金の流れに上手に入っていける人は豊かになり、お金の流れから遠くにいると、経済的に困るということになります。

国際政治と自分の財布のつながりを見る

「外国には興味ない。自分は日本で暮らしていくから」
という人がいます。
「だから、国際政治なんて興味がない」
という人も少なくないでしょう。

けれども、私たちの日常生活と世界はつながっています。いまの日本は、日常の食物、生活雑貨に至るまで、その多くを海外からの輸入に頼っています。

１９７３年の「第１次オイルショック」では、原油の価格が暴騰《ぼうとう》し、石油からつくられるトイレットペーパーや洗剤の買い占め騒動が起こっています。

第１次オイルショックは、第４次中東戦争が勃発《ぼっぱつ》したのが、その始まりでした。アラブ石油輸出国機構（ＯＡＰＥＣ）諸国が、敵対するイスラエル支持国

（アメリカ合衆国やオランダなど）への経済制裁として、石油の輸出をストップしたことによって、世界的な石油危機を招きました。

日本もその例外ではなく、当時は紙資源の不足から週刊誌のページ数が減るなど、出版界にも大きな影響があったようです。

街中ではネオンサインなどの省エネが行われ、野球のナイターの開始時間がそれまでよりも早まるといったこともあったようです。

遠く離れた中東の情勢が、日常の生活に大きく関わっているわけです。

これは当時のことに限りません。

リーマンショックはまだ記憶に新しいところではないでしょうか。それによって影響を受けたという人も少なくないはずです。

これは2008年に、アメリカの投資銀行であるリーマン・ブラザーズが破《は》綻《たん》したことから、世界的な金融危機を引き起こしたものです。

アメリカの投資銀行がつぶれたからといって、日本の庶民にどれほどの影響があるのかと思うかもしれません。実際、日本の金融機関には、直接、リーマン・ブラザーズの破綻が影響を与えることはなかったようです。

けれども、世界的な経済の冷え込みから消費は落ち込み、ドル安が続いたことで、日本経済にも、結果として不景気をもたらしました。

アメリが咳《せき》をすると日本が風邪を引くなどと言われますが、それほどに、日本経済はアメリカの影響を大きく受けています。

これからは中国の影響も大きく受けることになるでしょう。中国の地方都市のノンバンクの破綻が、次の世界経済を大きく揺るがす可能性もあるのです。

日頃、当たり前のように手にしている商品が、急に値上がりしたりすることがありますが、それは国際的な問題に端を発していることが多いのです。

いまアラブで何が起きているのか。中国はどうか。アメリカはどうか。

それによって、為替のレートが変わり、自分の貯金が増えたり、目減りしたりします。

これからは、国際政治にも、関心を持ちましょう。

14

お金持ちの研究をする

お金持ちってどんな人？

お金に恵まれるためには、お金持ちの生き方を研究することが大事だと思います。

お金持ちの人は、どういう人なのか、どういう仕事をしているのか、どんな気持ちでお金とつき合っているのか、このあたりを研究してみてください。

研究といっても、部屋に引きこもって論文を読んだりする必要はありません。

あなたのまわりで、ちょっと経済的にうまくいっている人はいませんか。

その人たちのことを観察してみるのです。

朝は何時に起きているのか。

移動には何を使っているのか。電車なのか、車なのか。車なら自分で運転しているのか、運転手の人がいるのか。

ランチは、どこで誰と食べているのか。

どこで仕事をしているのか。

仕事の相手はどんな人でしょう。

どんなふうに稼いでいるのか。

お金の使い方はどうか。

何にいちばんお金を使っているのか。

夕食はどうしているのか。

家族との関係はどうか。

――などなど。自分とくらべてみるのもよいでしょう。

そうやって研究していくと、「経済的に困らない人」の生き方がどういうものかが見えてくると思います。

ここで面白いのが、正解は一つではないということです。

無駄遣いをしているように見えても、きれいにお金をまわす人もいれば、コツコツコツコツ貯めて、お金と質素につき合っている人もいます。

投資でどかーんと儲ける人もいれば、実業の世界で堅実に儲ける人もいます。それぞれのやり方で、うまくいっているわけです。

私は20代の頃から、成功者といわれる人たちに、それこそ数え切れないくらい会う機会がありましたが、ビジネスがとてもうまくいっているいっぽう、家庭がうまくいっていないという人もいました。私は、自分にはそういう生き方は向いていないと思いました。

うまくいっている人たちの人生を見て、次にすることは、自分はどうしたいのかを考えることです。

どういうやり方が自分に合っているのか。性格や才能に応じた生き方があるはずです。

お金とのつき合いも、派手なタイプ、地味なタイプ、人付き合いをたくさんするタイプ、引きこもりタイプなど、いろいろいます。

自分が「こんな生き方をしたい」と思う人のやり方を学んでいきましょう。

将来、どれくらいお金持ちになりたいのか

お金持ちにもいろんなレベルがあります。

経済的に、好きなことが何でもできるというレベル。

大きな会社を経営して、プライベートジェットを持つようなレベル。

庶民から見たら、「お金持ち」として一括《ひとくく》りにしてしまいがちですが、それぞれのレベルで、できること、できないことが違います。

人には運命があって、望んでいたわけでもないのにあるレベルに達する人がいれば、どんなにそうなりたいと願っても、そのレベルに一生追いつけない人もいます。

先日、あるパーティで、「僕はビル・ゲイツの１００倍ぐらいの金持ちになります」という人がいましたが、彼がそうなる可能性は低いでしょう。

大きな夢を見ることは、自分を動かす原動力になります。けれども、いざ夢を追いかけてみると、「限界」も見えてきます。自分の才能、質、行動力や人脈、エネルギーを考えると、「ビル・ゲイツには到底及ばない」ということが、簡単にわかってしまいます。

自分の実力を無視して夢を追いかけても、一生、夢に追いつくことはないでしょう。若いときには応援してくれていた仲間たちもいつのまにか大人になっていて、「あいつは口だけだ」なんて言われかねません。

結局、ビル・ゲイツになるどころか家賃の支払いにも困る、そんな人生を送ることになるかもしれません。

「だいたい、こんなもんだな」というふうに、自分を見極めることで、初めて現実的な成功を目指せるのです。力もないのに大金持ちを目指すことほど不幸なことはありません。自分の器を知りましょう。

そのうえで自分の器に見合う経済力を具体的につけていくことが大切です。

お金で人生を制限されない金額は？

人生の幸せは、自分のやりたいことを、やりたい場所で、やりたい人と、やりたいときにやることでしょう。

そのために、ある程度のお金は不可欠です。

けれども、お金で、自分の生き方を制限される人がいます。

たとえばビジネスを起こすとき、都心の中心地にオフィスを構えたいと思っても、そういう場所は家賃が高いです。

一等地には、それだけの価値があります。

レストランを開店させるなら、駅から徒歩で20分以上の場所より駅前のほうが多くのお客さんを見込めるのは、誰が見ても明らかでしょう。

もちろん味で勝負することはできます。どんなに駅から遠くても、お客さんの行列が絶えない店はいくらでもあります。

でも、同じ料理ならどうでしょうか。歩いて20分かかる店と駅前の店。駅前の店のほうが成功する確率は高いでしょう。

お金があれば駅前の店舗を借りられるのに、お金がないために不利な立地の店舗にせざるを得ない。これが、お金に制限されるということです。

ある社長が、自分の会社には優秀な社員が来ないとボヤいていました。優秀な社員を引き抜くには、高い給料を払わなければなりません。けれども、そんなお金はないからと、「優秀じゃない社員」を雇うわけです。

雇われた社員のほうも、「どうせ給料が安いんだから」と、自分の力を発揮しようとしません。かくして、負のスパイラルが生まれるわけです。

自分のやりたいことをお金で制限させない、ということを一つの目標としてみましょう。

それには、どれくらいの収入と資産が必要になるでしょうか？

お金でできること、できないこと

お金でできることと、できないことがあります。

誰かを喜ばせたり、楽しませたり、感謝を表したり、ということはお金でできます。でも、誰かに感謝を強制したり、誰かに自分のことを愛させたり、誰かに自分のことを尊敬させたり、ということは、普通はお金ではできません。

けれども、上手に使うと、それができることもあります。

また、使うべき場面でお金を使わないと、人間関係がこじれたり、感謝されるべきところで感謝されなかったりということがあります。

逆に、お金を出すべきでないときに出したとしても、受け取ってもらえなかったり、反感を買ったりすることがあります。

お金でできること、できないことを、あらためて考えてみましょう。

▽ お金があればできること

▽ お金があってもできないこと

お金がもたらす自由について知る

経済的に豊かになった人は、お金の持つ力の恐ろしさを何度も体験しています。

お金がないときには、「お金さえあれば、こんなことで悩まなくてすむのに」と思うことは多いでしょう。お金がないためにできないことがあったりするからです。

けれども、お金があることが、悩みの種になることもあります。

たとえば、知り合いからお金を貸してほしいと言われたらどうするのか。友人から融《ゆう》資《し》を頼まれたらどうするのか。そのすべてにＯＫするわけにはいかないでしょう。そして、それが原因で友達を失うこともあります。

お金があれば、住む場所や働き方も、選択の幅が広がります。

そういう自由をもたらしてくれるのが、お金です。

あなたが豊かになったら、今度は、次の世代の教育の問題も出てきます。

自分の子どもには、お金についてどう教えるのか。

先に邱永漢さんが子どもをファーストクラスに乗せていたということをお話ししましたが、あまり贅沢《ぜいたく》に慣らさせすぎると、今度は、普通に暮らせなくなってしまいます。

お金持ちで、子どもにはあえて贅沢をさせないという人も少なくありません。子どもに、お金がもたらす自由と恐ろしさをどう教えるのかは、お金持ちの人にとっては、悩むところです。

それをきちんと教えるためにも、お金とは何か、お金がもたらす自由とは何かを知っておく必要があります。

そして、いまから、お金に恵まれる人生の方向に歩いていくなら、自分のライフスタイルもどうするのか、考えておきましょう。

15

お金で失敗した人を研究する

あなたのまわりでお金に失敗した人は？

お金持ちを研究したほうがいいということを先にお話ししましたが、それと同時に、お金で失敗した人のパターンを見ておくことも大切です。

お金で成功する人のパターンはいろいろですが、お金で失敗する人のパターーンは、それほど多くありません。

人はどう失敗するのかという負けパターンをぜひ調べてください。

あなたのまわりで、お金で失敗した人とは、どういう人でしょうか。

親戚のおじさん、近所の人、取引先、上司や後輩などを思い浮かべてみましょう。その人たちが、どういうふうに失敗しているのかを考えてみてください。

そして、その後、彼らの人生がどうなったのかも調べてみてください。カムバックできた人と、できなかった人がいるはずです。

お金に困るってどういうこと？

お金に困るというのは、自分が使いたいと思うときに、必要なお金が手元にないという状態です。

なぜ、そうなるかといえば、いままでのお金とのつき合い方が下手だったか、あるいは、自分の器以上の何かを望んでいるかのどちらです。

いずれにしても、お金が使いたいときに使えないことほど、切ないことはありません。それは、子どもに習い事をさせてあげられない、自分のやりたいことができないなど、いろんな場面で起きることです。

自分が将来どういうふうにお金に困るのかということをあらかじめ想定して、そうならないように準備しておくことが大事です。

お金で制限されるとき

いろんな選択肢が目の前にあるときに、お金がないために、制限がかかることがあります。

たとえば「留学したいのにお金がない」「東京の大学に行きたいけれどもお金がない」、あるいは「独立したいけれども、資金が足りない」など、お金がないから好きなことができないということはよくあります。

そして、お金がないからあきらめてしまうというのが、まさに制限のかかった状態です。

そういうときには、クリエイティブに考えましょう。

自分にお金がなければ、人から貸してもらうという手があります。もらうという方法もあります。そうした方法を知っていれば、選択肢はぐっと増えるでしょう。

たとえば起業したいというとき、公的機関や自治体などで資金を融資するなどの助成を行っている場合があります。

親や親戚、友人などに融資してもらうこともできるかもしれません。

大切なのは、動いてみることです。

たいていの人は、何もしないまま、挑戦することなしにあきらめてしまいます。考えてみると、普通の人は、子どものときから、お金がないからできないという場面を何度も経験しています。

ピアノ、サッカー、絵、英語を習いたかったけれど、親にお金がないからダメだと言われた、そんな経験がある人は多いでしょう。

そして、それが「当然のことだ」と思うようになってしまうのです。

「お金がない、だから自分のやりたいこともできない」

そう思って、自分にブレーキをかけてしまうわけです。何かをやろうとするとき、簡単にあきらめずに、いろいろな可能性を考えてみましょう。

お金で失敗する人の共通点

お金で失敗する人には、いくつかしかパターンがないと言いました。ここで、それを具体的に挙げていきましょう。

1番目は、無謀なお金の使い方をした結果、失敗するというパターンです。お金のことになると暴走する人に、その傾向が強いようです。

自分の心の奥底にあるお金に対する恨みつらみが解決していない人は、お金に復讐《ふくしゅう》するかのようにお金をパッと使ってしまったりします。

お金がなかったことで苦労してきたために、いま、お金を使うことで、その恨みをはらしているわけです。それが無謀なお金の使い方につながります。

2番目は、お金の知性面が足りないために、失敗するパターンです。

お金の知識が足りないがために、投資で失敗してしまったり、保証人になってしまったり、法律的に間違ったことをして失敗するというものです。

ビジネスの失敗も、これに当てはまります。実力がないのに会社の経営をしたり、あるいは、自分の器を超えたお金を動かしたりしていると、そういうことが起きます。

3番目は、何も考えないルーズな人が陥るパターンです。こういう人は、必ずお金で失敗します。収入よりも多い金額のお金を使い、差額は借金をするようなタイプです。彼らは、ちゃんと向き合うことをしないので、ずるずるとお金の地獄に落ちていってしまいます。

不幸なのは、こういうタイプには、必ず不健康なかたちでサポートをする人が現れることです。両親だったり、パートナーだったりが、借金などの尻ぬぐいをしてしまうので、問題に向き合うことができないのです。それで、数年たったら、また同じことをやってしまいます。

お金の問題の多くが、家族や人間関係の問題であるというのは、そういう理由です。

16

自分に
投資する

自分を投資対象として見てみる

自分を投資対象として見た場合、いくら投資してもらえそうですか。

ある人がビジネスを始めると言ったときに、「1000万円、投資したい」という人が何人も現れました。

その人と同年齢のほかの人がビジネスを始めたいと言ったときには、フェイスブックで、数人から「いいね！」を押してもらっただけで終わりました。

この差は何なのでしょう。

ふだんから「この人なら間違いない」と思われている人には、本当の意味での支援者が現れます。逆にいえば、まわりの人はそれだけあなたをシビアに見ているということです。

「この人には1000万円投資しても損はしない」と思われるか、「とりあえず『いいね！』だけ押しておこう」と思われるか。まわりの人たちは、あなたが思っている以上にあなたのあり方、お金の使い方、仕事の能力を見ています。あなたは投資対象として、どれくらいの価値があるでしょうか。

投資してもらえるだけの人物になっているでしょうか。

ふだんのあなたの生き方を見て、何人ぐらいに投資してもらえると思いますか。そして、一人いくらぐらいお金を出してくれるでしょうか。

具体的に、投資してくれそうな人と彼らの名前を書き出してみてください。

自分には能力があると思っても、それだけの評価をしてもらえないこともあります。それはなぜなのか、考えてみましょう。

実際に投資してもらうことはないかもしれませんが、自分の将来性を考えるうえで、一つの指標になるのではないでしょうか。

勇気のある人は、「私がビジネスをやるとしたら、いくらぐらい出してくれますか？」とまわりに聞いてみましょう。

きっと、あなたの自分に対する見方が変わると思います。

自分の才能に投資する

才能というものは、一定のエネルギーを投資しないと開花しません。

一定量の本を読む、セミナーに行く、人と会う、料理を食べる、旅行をする、そういったことをやらないと才能は開かないようになっています。

本は読まない、映画も見ない、人と会わない、外食をしない、旅行をしない、誰かのもとで修業もしない、ということでは、新しいことを学べません。そして、新しいことを学ばずに才能を開花した人はいません。

ところで、本を読むにも、セミナーや旅行に行くにも、お金がかかります。

つまり、才能を開かせるには、お金がかかるということは理解してください。

それをできるだけ低コストでやることは可能です。

何か勉強したいと思っても、「お金がないから無理だ」とあきらめてしまう人は多いかもしれませんが、いまは図書館も充実しています。テレビやインターネットでも、それこそ受けられない講座はないというくらい充実していて、質も高いのに、無料のものが公開されています。

そういうものを最大限活用すれば、「勉強できない」ということはほとんどありません。

ただし、お金をかけたほうが、効率がいいということはあります。

才能を開かせるには、お金がないとできないということはありません。けれども、お金をかけたほうが才能は開花しやすいのは間違いないと、私自身の経験から思います。

才能は、お金、情熱、まわりからの応援など、いろんな要素が重なり合って、始めて開花します。

お金も何もないのなら、とにかく情熱的にやりたいことに取り組んでください。きっとその様子を目にする人が現れて、あなたをサポートしてくれるはずです。

もっと、人生を楽しむ

お金から自由になる目的の一つは、「もっと人生を楽しむ」ためです。

人生を楽しまなかったら、経済的自由を手に入れたとしても、何の意味があるでしょうか。

あなたにとって「人生を楽しむ」行動には、どういうことがあるでしょうか。

・自分の行きたい場所に行く
・行きたい場所で食事をする
・住みたいところに住む
・コンサートや映画に行く
・海外旅行に行く
・自分の好きな家をつくる、あるいは、住むこうして挙げていくだけでも、ワクワクしてきませんか。

人生には、まだまだ楽しいことがいっぱいあります。

お金を稼ぎながら、ワクワクすること、本当に楽しいことができると、一石《いっせき》二鳥《にちょう》ではありませんか？

お金を稼ぐほうでも、使うほうでも、あなたが最高に楽しいと思うやり方をとってください。

多くの人は、お金を楽しく稼ぐということをほとんど体験していないし、楽しくお金を使うということも、あまりやっていません。

ですが、これからは意識を少し変えて、お金を稼ぐ活動をもっと楽しみ、お金を使うときも、もっと楽しむようにしてみてください。それだけで、毎日がちょっと楽しく変わってきます。

外から見ただけだと何も変わらなくても、あなたの中の変化は、次なる面白いステップへと、あなたを導いてくれるでしょう。

お金と上手につき合ってバランスをとりながら、人生を楽しんでください。

17

つき合う人を変える

あなたの経済状態は、つき合う人で決まる

「あなたの経済状態は、あなたがつき合う人で決まる」と聞くと、びっくりしますか？

そんなはずはないと思った人は、次の質問に答えてください。

あなたは、どんな人たちとつき合っていますか？

彼らの平均年収は、どのくらいでしょうか？

「そんなことは考えたこともなかった」という人は多いと思いますが、たとえば、あなたがごく親しくしている人たちの平均年収は、いまのあなたの年収と、ほぼ同じになるはずです。

自分の経済的レベルを変えたいと思うなら、いちばん簡単な方法は、つき合う人を変えることです。

たとえば、客層を変えることで、報酬は変わってきます。

美容師の仕事でいうと、相手が誰でも、ヘアスタイルをつくることには変わりがありません。けれども、それが世界的なアーティストである場合と、普通の人とでは、もらえる報酬はケタが変わるほど違います。それはただ単に、クライアントがお金持ちだからです。

お金持ちのまわりには、お金持ちの人がいると思いませんか。

それはお互いの相乗効果で、よりお金やパワーを引き寄せてしまうからです。お金の流れがいい人、人を応援する人、パワフルな人とつき合えばつき合うほど、収入が上がるのは当然です。

あなたのまわりにいるお金持ちの人と知り合いになることです。そんな人はいないと思うかもしれませんが、昔の高校の先輩、同僚のおじさんなど、探してみれば、あなたのごく身近にも結構いるものです。

そういう人と仲良くなることから始めてみましょう。

あなたのまわりにいる人の将来は？

あなたのまわりにいる人はどういう人でしょうか。

将来的に、お金に恵まれそうな人でしょうか。それとも、違うでしょうか。

人はまわりに影響されやすい生き物です。

まわりに経済的に成功していく人しかいない人は、その人もまた、成功する可能性が高いでしょう。

逆に、成長しない人たちの中にいたら、たとえ才能があったとしても、花開かずに終わってしまう可能性が高くなります。

自分のまわりにはどんな人たちがいるのかを見てみましょう。

「この人たちに感化されたい」と思うのか、「ここにいてはダメだ」と思うのかが、将来のあなたの経済状態を決めるといってもいいでしょう。

あなたの未来は？

あなたの未来は明るいでしょうか、それとも暗い感じがしていますか。

いま、あなたが真剣にお金と向き合い、意識を変えることができれば、あなたの将来の経済的自立は保証されたようなものです。

けれども、いままでと同じ習慣を持ち、同じ人とつき合って、行動も変わらなければ、たぶん、いまのあなたのまわりにいる人と同じような経済状態にしかならないでしょう。

人生の可能性は無限にありますが、それを引き出すのは自分です。

たとえば、ある分岐点に来たとき、右に行くか左に行くかで、運命は大きく変わっていきます。

あなたの後ろには、あなたが選ばなかった道があります。

じつは、いままでにも、成功のチャンスを逃してしまったことがあったかもしれません。あるいは、成功のチャンスをつかんで、いまここにいるという人もいるでしょう。

これから、あなたはどういう未来をつくりますか。

自分の未来を明るくするのも、暗くするのも、これからの自分次第というところが、人生のシビアなところです。

不満やあきらめを抱いたまま道を進んでいると、いつまでたっても光は見えてこないでしょう。

将来お金に困らないためには、どちらに進みたいかをしっかりと決めることです。いま、意識を少し豊かさのほうに向けて、こういう人生が素敵だなと思えるような、明るい未来に向かっていきましょう。

あなたには、それができます。それが見えるとしたら、それは、あなたに豊かな未来があるということです。何度もめげそうになるとは思いますが、ぜひ豊かさへの道を歩んでください。

あなたは、将来いくら残しますか？

ここで、あなたの人生における経済的目標を紙に書いてみましょう。いまの時点のものでかまいません。

そう聞いただけで、ストレスを感じたかもしれません。人によってはワクワクしたかもしれません。いずれにしても、ここがスタートです。

将来、あなたは、どれくらい資産をつくって、亡くなるときには、いくらの資産を残すことになるのでしょうか。

ちょっとドキドキすると思いますが、現実的に考えてみましょう。

ある人は1億円の資産をつくりたいと考えました。死ぬときまでその資産を維持して、そのまま残された人たちに分配してほしいと考えています。

では、1億円の資産をつくるにはどうすればいいでしょうか。

いま30歳だとして、いまはほとんど貯金がないのだとしたら、70歳までに1億円を貯めるには、1年間にざっと250万円が必要です。普通のサラリーマンで、毎月20万円ずつ貯めていくのは至難《しなん》の業《わざ》です。毎月の定期預金でそれをやろうとしても、とても追いつかないでしょう。

では、どうするのか。そこを考えてみるのです。ほとんどの人は、ここで頭がフリーズして止まってしまいます。そして、「やっぱり無理だ」となって経済的自由への道からリタイヤしてしまうのです。

実際に豊かになる人は、ここで冷静に「1億円の資産をつくるために、自分は何をすればいいのか」ということを逆算して考えます。そして、アイデアをたくさん出していきます。

そのように、何をすればいいかを考え、アイデアをどんどん書き出してみましょう。その中で、すぐに実行できることがいくつもあるはずです。

そのリストの中から、ワクワクすること、楽しく実行できそうなことを選んで、それを実際にやっていけばいいのです。

お金から自由になるということ

お金から自由になることとは、「お金のことをまったく意識しないで生きる」ことを意味します。

お金持ちの人にとっては、お金は空気のようなもので、必要なときにカードを出してサインするだけでいいわけです。あるいはそんな手続きすら誰かがやってくれるので、買ったものがいくらだったのかも知らなかったりします。

そのためか、ある程度豊かになった人たちというのは、自分がどれだけ稼いでいるのか、どれだけ使っているのかをよく知りません。

あるお金持ちの人に「あなたにはどれくらいの資産があるんですか」と聞いたところ、「わからない」と言われたことがあります。

「わからないって、どういうこと？」と思うかもしれません。私も、最初はそうでした。でも、彼には本当にわからないのです。

「正確な資産を調べようと思ったら、会計士と弁護士でチームをつくって、たぶん2、3週間かかります」と、そのお金持ちの人は教えてくれました。たしかに、海外の非公開の会社の株、ハワイの別荘など、資産価値を調べるためには、膨大《ぼうだい》なリサーチと計算が必要なのです。

我が身をふり返って、「全財産を調べるには、たぶん通帳を開けて、財布を調べたら、2分で終わるな」と考えて愕然《がくぜん》としたものです。

お金持ちでも、お金に縛られている人はいます。

お金がなくても、お金から自由な人はいます。

どれくらいのお金を持てたら、自分はお金から自由になれるのかを考えてみましょう。そして、お金があってもなくても、自由な心を忘れないようにしたいものです。

「お金のことを一切忘れる」というのをあなたの目標にして、豊かさの道を歩いていってください。

おわりに
お金に困らないために今日できること

この本を最後まで読んでくださって、ありがとうございます。

さらっと読めて、お金のことが体系的に理解できるように書いてみました。

本書でもお話ししましたが、お金とは、人生で最も大切なものの一つなのに、ほとんどの人が無知なまま生きています。

そのために、自分の人生でたくさんの制限を体験したり、家族に十分なサポートをしてあげられないなどの不都合を生みます。

この本をきっかけに、ぜひお金について学んでください。そして、実践してください。銀行や証券会社に行って、口座を開くのも一つでしょう。そして、たくさん失敗をしてください。

経済的自由への道には、落とし穴がいっぱいです。ずるい人、悪い人、不誠実な人にもたくさん出会うことになるでしょう。

けれど、それじたいが社会勉強です。あなたのお金に対する理解が進むにつれ、良心的な人、素晴らしい人にもたくさん出会います。

くれぐれも、すぐに結果を出そうとしないようにしてください。本文でもお話ししましたが、人生は長期戦です。じっくりとお金と向き合って、徐々に経済的自由のほうへ進んでください。

これまでにも、『お金のIQ、お金のEQ』（サンマーク文庫）など、お金に関して一連の書籍を書いてきました。もう少し学びたいと思った方は、ぜひ読んでください。また、私がつくったお金の通信コースも、この12年でこれまでに1万人以上の方が受けて、人生を大きく変えています。経済自由人になったという報告も、毎週のように全国から届きます。

お金に関しては、いろんな本や教材が出ています。お金に困らないためには、お金にもっと興味を持ち、お金のことを学ぶことです。「よく、どの本がいいですか？」と聞かれるのですが、興味の赴《おもむ》くままにいろいろ読んでください。

あなたが読む本が1冊、聞くCDが1枚増えるごとに、あなたはお金に関して前よりも賢くなります。

お金持ちは、週に何時間もお金や投資について時間を割いています。それは、彼らがお金を増やすことが好きだからでもありますが、その結果、彼らの資産は増えていきます。一方、お金に縁のない人は、お金の心配には膨大な時間を費やすわりに、お金の勉強には、ほとんど時間をかけていません。

お金について不安に感じる時間があるのであれば、同じ時間を勉強にあててください。時間とともに、大きな差がつくはずです。

お金に関してゴールがあるとすれば、ふだんの生活でお金のことを忘れることです。お金のことをほとんど考えなくなる生き方です。

願わくば、あなたが一生のあいだのどこかで、お金のことを忘れて生活できるようになりますように。

2014年5月　本田　健

本田 健（ほんだ・けん）
神戸生まれ。経営コンサルティング会社、ベンチャーキャピタル会社など、複数の会社を経営する「お金の専門家」。独自の経営アドバイスで、いままでに多くのベンチャービジネスの成功者を育ててきた。育児セミリタイア中に書いた小冊子「幸せな小金持ちへの8つのステップ」は、世界中130万人を超える人々に読まれている。『ユダヤ人大富豪の教え』をはじめとする著書はすべてベストセラーで、その部数は累計で580万部を突破し、世界中の言語に翻訳されつつある。ポッドキャストで配信中の無料インターネットラジオ「本田健の人生相談～Dear Ken～」は累計1100万ダウンロードを超える人気番組となっている。各界のトップランナーとの対談音声をお届けするアイウエオーディオ倶楽部も好評。
本田健公式サイト
http://www.aiueoffice.com/
アイウエオーディオ倶楽部
http://kenhonda.jp

だいわ文庫

将来《しょうらい》、お金《かね》に困《こま》らないためにしておきたい17のこと

著者　本田《ほんだ》健《けん》

二〇一四年五月一五日第一刷発行

発行者　佐藤 靖
発行所　大和《だいわ》書房
東京都文京区関口一―三三―四 〒一一二―〇〇一四
電話 〇三―三二〇三―四五一一
装幀者　鈴木成一デザイン室
本文デザイン　福田和雄（FUKUDA DESIGN）
編集協力　ウーマンウエーブ
本文印刷　シナノ
カバー印刷　山一印刷
製本　ナショナル製本

ISBN978-4-479-30481-4
乱丁本・落丁本はお取り替えいたします。
http://www.daiwashobo.co.jp